JN195127

那須地域の両生類

タゴガエル　那珂川町鷲子山　内田裕之氏撮影

ハコネサンショウウオ　那須塩原市板室

トウホクサンショウウオ　那須塩原市沼原湿原

カジカガエル　那須塩原市萩平　蛇尾川

ニホンアマガエル　那須塩原市油井

トウキョウダルマガエル　那須烏山市森田

ニホンアカガエル　那須烏山市森田

アカハライモリ　右上のオスがメスに求愛している　那須塩原市沼原湿原

ツチガエル　那須烏山市森田

ウシガエル　那須烏山市森田

クロサンショウウオ　繁殖のために集まったオス　那須塩原市沼原湿原

シュレーゲルアオガエル　那須烏山市八ヶ代

アズマヒキガエル　那須塩原市沼原湿原

モリアオガエル　那須塩原市沼原湿原

ヤマアカガエル　産卵間もない卵塊とカップル
那須塩原市沼原湿原

オオアオイトトンボ

アオハダトンボ

モートンイトトンボ

エゾイトトンボ

モノサシトンボ

クロスジギンヤンマ

ダビドサナエ

オニヤンマ

トラフトンボ

チョウトンボ

ナツアカネ

リスアカネ

ノシメトンボ

アキアカネ

コノシメトンボ

ヒメアカネ

マユタテアカネ

マイコアカネ

ミヤマアカネ

ネキトンボ

キトンボ

ハッチョウトンボ

図1　小泉斐「縮図帖」（個人蔵）より「御寝所／御張附」

図2　小泉斐「孔明論将図額」（個人蔵）

図3　小泉斐「縮図帖」（個人蔵）より「龍に馬師皇」図

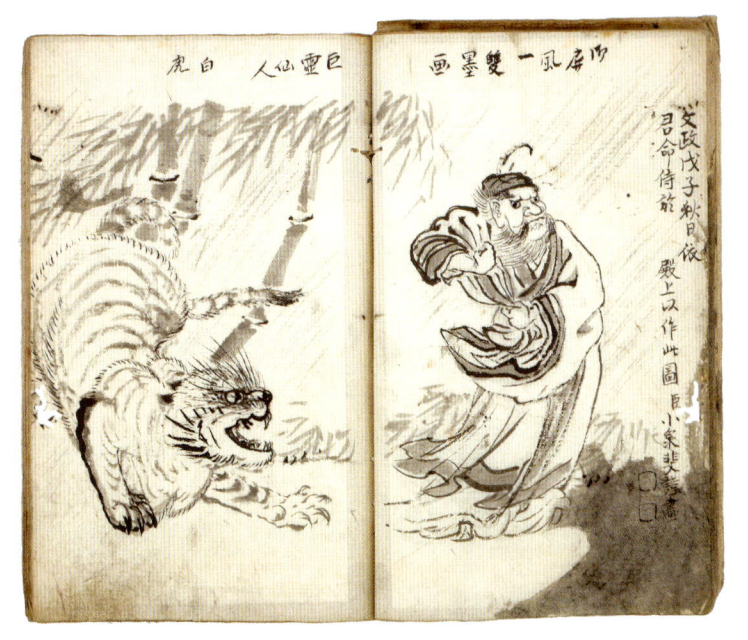

図4　小泉斐「縮図帖」（個人蔵）より「白虎に巨霊仙人」図

図6 田谷芝斎「山水写真帖」（個人蔵）より「野州森田西鹿嶋神木」図

図5 田谷芝斎「山水写真帖」（個人蔵）より「霧降之滝」図

図7 田谷芝斎「雨中行舟図」（個人蔵）

図8 田谷芝斎「鮎に翡翠図」（個人蔵）

図9　田谷芝斎「天岩戸図」（個人蔵）

図10　田谷芝斎「寒山拾得図」（栃木県立博物館蔵）

北陸浄土真宗門徒の那須移住

鈴木窯

鈴木窯遠景（南西から）

窯跡近景（南西から）

窯跡全景　焚口部（南から）

煙道部（南西から）

鈴木窯発掘出土品　左上：徳利　右上：大鉢　左下：擂鉢　右下：焼台（那須烏山市教育委員会蔵）

大宮窯 （7点とも個人蔵）

安政二年銘のある磁器製供器台

大鉢

長頸壺

長頸壺

切立甕

大甕

水上窯 （5点とも個人蔵）

短頸壺

短頸壺

片口

大甕

擂鉢

倉持窯

短頸壺（個人蔵）

那須地域を結ぶ鉄道

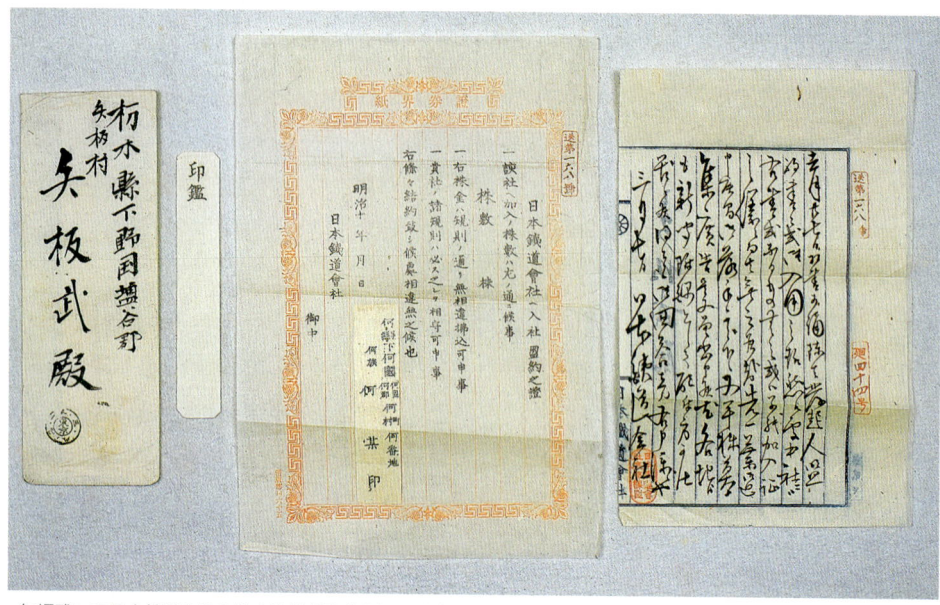

矢板武への日本鉄道会社入社申込依頼書（明治15年）

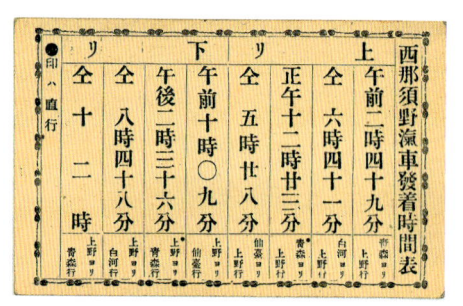

西那須野駅汽車発着時刻表（明治中期）

黒磯駅の駅弁掛紙

箒川列車転覆事故『風俗画報』臨時増刊199号（明治32年）

（資料はすべて那須野が原博物館所蔵）

塩原電車の白羽坂付近の絵葉書（大正11年）

塩原電車の墓石付近の絵葉書（大正11年）

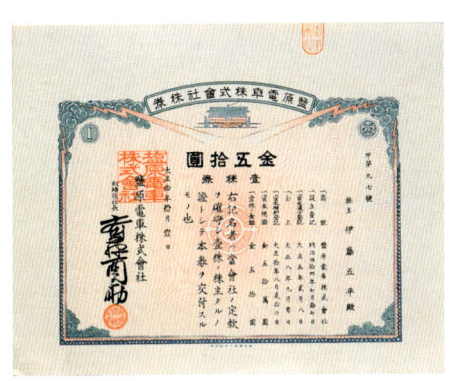

塩原電車の株券（大正10年）

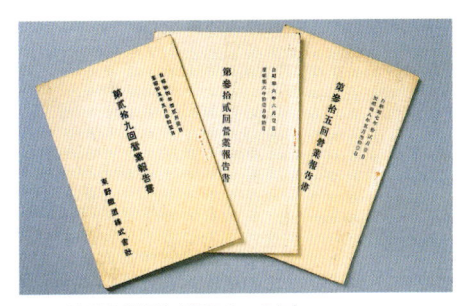

東野鉄道営業報告（昭和5〜8年）

東野鉄道開通記念の盃（大正7年）

東野線営業廃止記念乗車券（昭和43年）

昭和5年頃の那須郡の鉄道・軌道（「栃木県全図」部分）

ブックレット

那須を
とらえる ⑤

那須文化研究会 編

随想舎

那須地域の両生類
カエルたちから見た水辺環境の多様性

林　光武

1. はじめに

　カエルやイモリ、サンショウウオの仲間—両生類—は、卵を水中や水辺に産卵し、卵から孵った子ども（カエルの場合、おたまじゃくし）は水中で成長する。やがて、手足が生えるなど、変態と呼ばれる体の大きな作り変えが起こり、子ガエル、子イモリ、子サンショウウオになって陸に上がって生活する。本稿では、以下、変態前の子どもを幼生、変態後の性的に成熟する前の子どもを幼体と呼ぶことにする。

　両生類が生息するためには、産卵や幼生の生活に適した水環境と、幼体や成体の生息に適した陸環境の両方が整っていること、そして、それらが隣り合っていることが必要である。産卵の環境は、沢や湧き水などの流水環境と、池や水田などの止水環境に大きく分けられる。一方、幼体や成体の生息環境としては、産卵場所の水田などからあまり離れないトウキョウダルマガエルのような種もあれば、アオガエル類のように森林が必要な種もある。ま

た、家の庭や公園などを利用できるニホンアマガエルなどの種もある。

　このように、種によって必要な環境が異なるので、地域内のどこにどのような両生類が生息しているか知ることは、その地域の環境の特徴を知ることにつながる。

　筆者は、1993年に始まった栃木県自然環境基礎調査とその後の栃木県版レッドリスト、レッドデータブックの作成・改訂作業に従事し、栃木県内の両生類の生息調査を行ってきた。また、栃木県立博物館による那須地域の自然総合調査や栃木県農地整備課による南那須地区の生態系配慮型水田整備事業などにも関わってきた。本稿では、それらの調査や事業によって得られた知見と、既存の文献情報に基づいて、広義の那須地域（那須町、那須塩原市、大田原市、那珂川町、那須烏山市）に生息する両生類を紹介したい。また、特に那須山地の沼原湿原の両生類について、この湿原の水環境の特徴と共に少し詳しく紹介する。

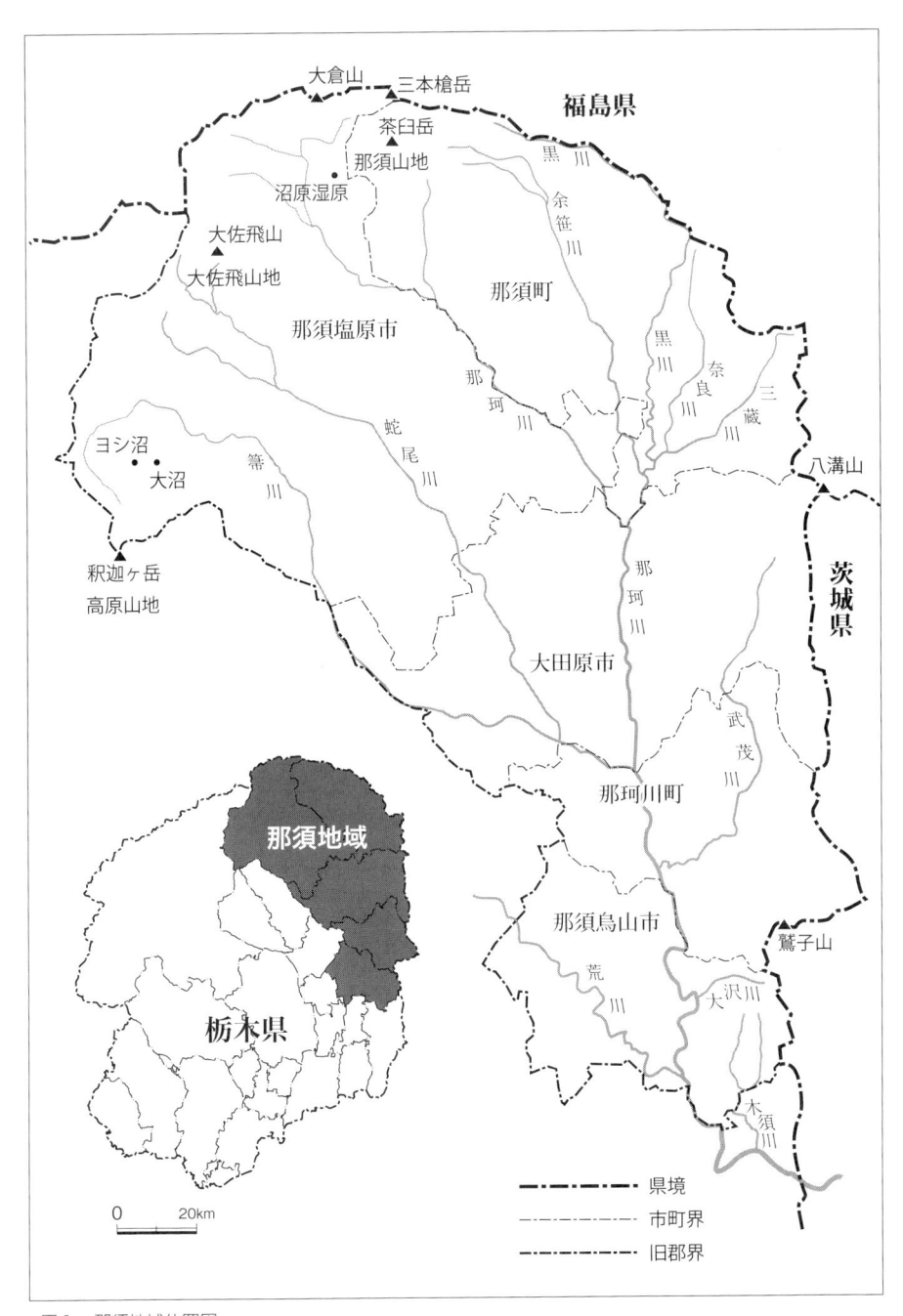

図1　那須地域位置図

2. 那須地域の両生類相の概要

　日本にはサンショウウオやイモリの仲間（有尾目）が33種、カエルの仲間（無尾目）が43種、あわせて76種の両生類が生息している（日本爬虫両棲類学会、2017）。本州中央部やや北東寄りに位置する栃木県には、その地理的位置を反映して有尾目5種、無尾目13種が分布する（栃木県自然環境調査研究会両生爬虫類部会，2001）。このうち、那須地域に分布するのは有尾目4種、無尾目11種の合計15種である（表1）。ちなみに、那須地域にいない3種は、県南部の丘陵地に分布するトウキョウサンショウウオ、県南西部の限られた山地に分布するナガレタゴガエル、県南の水田で近年分布を拡大し

ている国内外来種のヌマガエルである。

　さて、那須地域は、北西部に1917mの三本槍岳を最高峰とする那須山地、大佐飛山地、高原山地、東部には標高1022mの八溝山を最高峰とする八溝山地を擁し、その間を那珂川水系の河川が流れ下っている（図1）。また、那須山地と高原山地の上部には、大小の池や湿原が点在する。一方、山麓の高久丘陵、那須野が原、喜連川丘陵などの低地には、住宅地、水田、畑地、牧場などが広がり、ため池や湧水地が点在する。

　那須地域に分布する両生類15種は、産卵環境として沢などの流水を利用する種と水田や池などの止水を利用するものに大別できる（表1）。さら

表1　那須地域に生息する両生類の産卵環境と生息地域および生息確認市町

目	科	種	産卵環境		生息地域		那須町	那須塩原市	大田原市	那珂川町	那須烏山市
			止水	流水	低地	山地					
有尾目	イモリ科	アカハライモリ	○		○	○	○	○	○	○	○
	サンショウウオ科	クロサンショウウオ	○			○	○	○			
		トウホクサンショウウオ	○	○		○	○	○	○		
		ハコネサンショウウオ		○		○	○				
無尾目	ヒキガエル科	アズマヒキガエル	○		○	○	○	○	○	○	○
	アマガエル科	ニホンアマガエル	○		○	△	○	○	○	○	○
	アカガエル科	ニホンアカガエル	○		○	△	○	○	○	○	○
		ヤマアカガエル	○		△	○	○	○	○	○	○
		タゴガエル		○		○	○	○	○	○	○
		トウキョウダルマガエル	○		○	△	○	○	○	○	○
		ツチガエル	○		○	○	○	○	○	○	○
		ウシガエル	○		○		○	○	○	○	○
	アオガエル科	シュレーゲルアオガエル	○		○	△	○	○	○	○	○
		モリアオガエル	○			○	○	○	○	○	○
		カジカガエル		○	△	○	○	○	○	○	○

△：主要な生息地域ではないが、生息している

に、止水に産卵する種には、主に低地の水田などに分布するもの、主に山地の湿原などに分布するもの、どちらにも生息するものが含まれている。以下、その環境別に生息する種を紹介する。なお、低地にも山地にも生息するアカハライモリとアズマヒキガエルについては、便宜的に「水田やため池の両生類」の項で紹介する。

3. 流水に産卵する両生類

(1) タゴガエル

　山地にのみ生息するアカガエルの仲間で、水が滴る崖の岩の割れ目や源流部のかすかな流れの石の下などを産卵場所に利用している。那須地域では、那須山地などの北西部の山地にも、東側の八溝山地にも生息する。

　那須山地側では、標高450m以上で生息が確認されている。那珂川、蛇尾川、箒川とその支流の源流部の細流や岩屑が積み重なる場所で、水中や斜面の石をひっくり返すと、その下にタゴガエルが潜んでいる。また、沢沿いの登山道を歩いている時に、足元に飛び出して来ることも多い。沢からかなり離れて移動することもあり、裏那須と呼ばれる大倉山山頂近くで、チシマザサ群落中を通る登山道上（標高1870m）で本種を採集したこともある。

写真1　タゴガエル　那須町湯本

写真2　沢の石の下にいたタゴガエル　那須塩原市桜沢

　4月下旬から5月下旬にかけて、那須や塩原の谷沿いの登山道を歩くと、地面の下からググッ、ググッと響く音が聞こえてくることがある。これは、地下の伏流水中でメスを呼ぶオスの鳴き声である。このカエルは、直径約3mmの大きな卵を、天敵となる水生昆虫などが少ない伏流水中に産みつけ、卵から孵った幼生は、エサを食べなくても子ガエルに成長する。

　八溝山地側では、八溝山から鷲ノ子山にかけての標高300m以上の山域で生息が確認されている。那珂川町の鷲

ノ子山の山頂周辺は生息密度が高く、沢の源流部の石を起こすと容易にタゴガエルがみつかる。八溝山地では、タゴガエルの繁殖期は那須山地方面に比べるとずっと早く、3～4月上旬にかけて産卵が行われるようだ。

なお、タゴガエルには複数の未記載種が含まれていると考えられており、DNA分析の結果、八溝山には遺伝的に異なる2タイプが生息することが分かっている（Eto *et al.*, 2012）。また、那須山地産と鷲子山産では、前述のように繁殖期が大きく異なっているほか、体の大きさも異なり、鷲子山産の方が小ぶりである。現在那須地域に生息する「タゴガエル」には、少なくとも2種含まれていることは確実で、それらがどのように分布しているのか、繁殖などの生態にどのような違いがあるのかなど、この地域のタゴガエルについては探求すべき興味深い課題が残されている。

(2) ハコネサンショウウオ

ハコネサンショウウオは山地の沢の上流部周辺に生息する、典型的な流水産卵性の両生類である。変態後も肺を持たず、必要な酸素は皮膚呼吸で取り入れる。日本産のサンショウウオの中では特に体が細長く、目玉が飛び出し

ているのが外見上の特徴である。日光市の旧栗山村や福島県の桧枝岐村で、燻製などとして食用に供せられているのはこのサンショウウオである。

那須地域では、那須、大佐飛、高原山地の標高約550m以上の沢で生息が確認されている。本種の幼生は普通に生息しており、那須や塩原で川遊びをした時、水中の石の下からサンショウウオの幼生が泳ぎ出てきた、というエピソードのほとんどは、このハコネサンショウウオの幼生である。本種の幼生は、変態するまで数年かかるため、一年中水中で観察することができ、同じ場所でも体の大きさが違う幼生が見つかる。

幼生は簡単に見つかるハコネサンショウウオだが、産卵場所は全国的にも限られた地点でしか確認されておらず、那須地域においても産卵場所に関する記録はない。これは、本種が岩盤や大きな岩に守られた湧き水の奥に産卵するためである。

八溝山地の栃木県側では標本等に基づく本種の確実な生息記録はない。ただし、栃木・茨城・福島3県の県境にある八溝山の福島県側では生息が確認されている。また、大田原市上南方では、「サンショウウオを見た」という情報が複数あり、今後、栃木県側からも

写真3　ハコネサンショウウオ　那須塩原市板室

写真4　ハコネサンショウウオ幼生生息地　那須町湯本　湯川

写真5　ハコネサンショウウオの幼生　さまざまな大きさのものがいる

ハコネサンショウウオの生息が確認される可能性がある。ただし、筆者もこの地域で何度か調査を行ったが発見できておらず、生息するとしても生息範囲は限られており、生息密度は高くないものと思われる。

　なお、ハコネサンショウウオは、かつて本州・四国に広く分布する1種だけと考えられていたが、2010年代に入り6種に分けられた（吉川，2015）。これまでに栃木県で確認されているのは狭義のハコネサンショウウオ *Onychodactylus japonicus* のみであるが、茨城県には狭義のハコネサンショウウオのほかにバンダイハコネサンショウウオとツクバハコネサンショウウオが、福島県には狭義のハコネサンショウウオのほかにバンダイハコネサンショウウオとタダミハコネサンショウウオが分布する。今後八溝山地側でハコネサンショウウオ類が確認された場合を含め、種の同定にあたってはバンダイハコネサンショウウオ等の可能性も念頭に置く必要がある。

（3）トウホクサンショウウオ

　トウホクサンショウウオは、普通止水産卵性として扱われるが、那須地域では山地の細流を産卵場所として利用することが多いので、この項で紹介する。

　本種は、東北地方と新潟・群馬・栃

写真6　トウホクサンショウウオ　那須町湯本

写真7　トウホクサンショウウオの産卵場所
那須町湯本　湯川

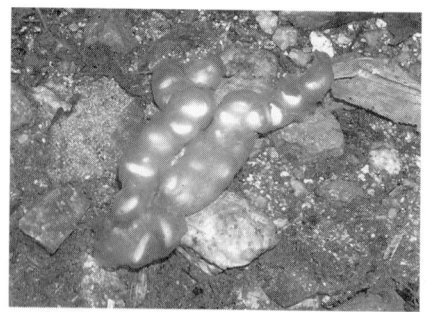
写真8　トウホクサンショウウオの卵嚢

木の各県に分布し、栃木県は分布域の南限付近に相当する。那須地域では、那須町と那須塩原市域の那須、大佐飛、高原山地に分布し、那珂川、蛇尾川、箒川とその支流の標高500m以上の細流周辺には普通に生息している。サンショウウオ属の成体はよく似ているが、卵嚢は種によって特徴があり、トウホクサンショウウオの卵嚢は、細長く、表面に縦方向の細い筋が見える。

　トウホクサンショウウオが繁殖に利用する水域はかなり多様性に富んでいる。崖から湧き水が流れ出ている場所や細い沢の石の下、沢の淵の水中の木の枝や岩の下などが産卵場所として利用されることが多いが、湿原の池塘や林道のコンクリート桝、林道のわだちの水たまりなどに産卵することもある。産卵は普通4月から5月にかけて行われる。幼生は、産卵された年の夏から秋にかけて変態し上陸することが多いが、幼生のまま冬を越すこともある。

　なお、これまでのところ八溝山地の栃木県側では本種の生息は確認されていないが、県境に近い八溝山の福島県側では確認記録がある。そのため、筆者は栃木県側での発見を目指して大田原市南方などで調査を行ったが、生息

写真9　カジカガエル　那須塩原市萩平　蛇尾川

写真10　カジカガエルの産卵環境　那須塩原市萩平　蛇尾川

の確認には至っていない。ハコネサンショウウオ同様、生息するとしても分布範囲は限られており生息密度は高くないものと思われるが、今後八溝山地の栃木県側から本種が確認される可能性は残っている。

写真11　岩に産み付けられたカジカガエルの卵塊

(4) カジカガエル

　カジカガエルは、河川の上流から中流域に生息し、初夏、河川の中の転石の下に卵を産みつける。夏から秋にかけて変態上陸した幼体や成体は、河川の周辺の林で生活する。那須地域では、北西部の那須、大佐飛、高原山地方面にも、八溝山地方面にも分布する。

　北西部の山地では、那珂川、蛇尾川、箒川とその支流などの標高500ｍ前後以上の渓流に、連続的に高密度で生息している。塩原渓谷や蛇尾川上流の萩平、那珂川上流域などは、特に生息密度が高く、5月から7月にかけて

渓流の流れの音に負けずに、フィー、フィフィ……と本種の高くよく通る鳴き声が響く。

　このように山地の渓流で特に生息密度が高いため、カジカガエルは山のカエルと思われがちだが、産卵に適した転石が多い川と、その周囲に産卵期以外の時期を過ごす森林がそろっていれば、本来低地にも生息できるカエルである。実際に、アユ釣りが行わるような中流域にも生息地は点在しており、たとえば、那珂川では那須塩原市西岩崎、那珂川町吉田、那須烏山市宮原で

初夏に本種の鳴き声を聞くことがある。また、箒川でも大田原市の福原などで生息が確認されている。

八溝山地の河川にもカジカガエルは生息しており、那須烏山市の大沢川、小木須川、大木須川など標高100m前後の場所で初夏に本種の鳴き声を聞くことができる。

カジカガエルは、水中の岩の下に卵を産みつけるため、泥や砂で岩が埋もれてしまうと繁殖することができない。このため全国的に低地の河川では、土木工事や河川の流量の減少による土砂の堆積等によって本種は姿を消している。那須地域では低地の中流域にカジカガエル生息地が残っていることは、この地域の河川周辺環境の自然度の高さを物語っている。

4. 水田やため池の両生類

(1) ニホンアマガエル

ニホンアマガエルは浅い止水に産卵するカエルで、那須地域では水田が主な産卵場所である。そのほか、人家や公園の浅い池、河川敷の水たまりなども産卵場所として利用しており、水がたまった大きなバケツなどに産卵することもある。産卵期は4〜8月と長いうえ、幼生の期間は1か月ほどと短い。さらに、非繁殖期の生息場所とし

写真12　ニホンアマガエル　那須塩原市油井

写真13　さまざまな両生類が産卵する水田
那須烏山市曲畑

て、産卵場所周辺の林や草むらのほか、人家の庭や公園など水辺から離れた乾燥した環境も利用できる。このようなことが強みとなって、「田んぼのカエルが減っている」と言われるなか、本種は水田があれば、低地でも山あいでも、市街地の中の孤立した水田でもその姿を見ることができる。

ニホンアマガエルは山地にある水田にも生息するが、山地では水田を除くと確認地点も確認個体も少ない。筆者が確認した那須地域における本種の生息場所の最高地点は那須塩原市の沼原

湿原（1230 m）だが、個体数は少ない。また、『塩原の自然』（那須塩原市那須野が原博物館，2012）の中で、塩原地域の両生類の生息状況に詳しい君島章男氏は、大沼の両生類として本種を挙げていない。

　このように、ニホンアマガエルは、水田に多数高密度で生息するほか、低地の河川敷や公園などにも多い一方、山地では湿地や池があっても少ないか、生息が確認できないという、まさに人臭い所に暮らすカエルである。

（2）トウキョウダルマガエル

　「とのさまがえる」と呼ばれることが多いが、本当のトノサマガエルはよく似た別種で栃木県内には生息していない。本種も水田を主要な産卵場所として利用しており、池や沼、河川敷のワンドなどにも産卵する。産卵期は4月末〜6月下旬で、7月中旬以降に多くの水田で変態したばかりの幼体が見られるようになる。非繁殖期も水辺からはあまり離れない。

　トウキョウダルマガエルは、那須地域ではニホンアマガエルと共に低地から山地まで、ほとんどの水田に生息している代表的な水田のカエルである。筆者が知る生息地の最高地点は那須塩原市上塩原の水田（標高620 m）で、ニ

写真14　トウキョウダルマガエル　那須塩原市上塩原

ホンアマガエル同様、山地の自然の湿地や池には普通生息しない。

　本種は、主に関東平野から仙台平野にかけての地域に分布し、分布域全体としてみると減少傾向にある。栃木県内でも、南部の水田では減少傾向が著しい。このため、国や県のレッドリスト（絶滅が心配される生物のリスト）で準絶滅危惧に指定されている。那須地域での「水田があれば普通に見られる」現状は、他地域と比べると、もはや当たり前ではない「かつて当たり前だった姿」を維持していると言える。

（3）ニホンアカガエル

　主に平野部から丘陵部にかけて生息し、池や水田、湿地などの浅い止水環境に産卵する。産卵期は3〜5月で、多くの水田で6月上旬〜7月中旬にかけて変態したばかりの幼体が見られる。非繁殖期には、水田から離れ、周

写真15　ニホンアカガエル　那須烏山市森田

写真17　シュレーゲルアオガエル　那須烏山市森田

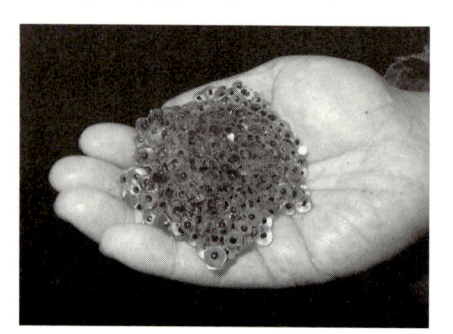

写真16　ニホンアカガエルの卵塊

写真18　シュレーゲルアオガエルの卵塊

辺の林や湿地、草地で生活する。

　ニホンアマガエルやトウキョウダルマガエルほどではないが、ニホンアカガエルも那須地域では低地でも山あいでも、水田に広く見られるカエルである。さらに、水田以外の自然の湿地や水たまりも産卵場所としてよく利用している。山地の沢を遡っている時に出会うこともあり、大蛇尾川では標高850ｍの地点まで本種の生息を確認している。このような場所では、沢の周辺の水たまりが産卵場所として利用されている。

　本種は、圃場整備が済んだ乾田で姿を消してしまうことが多く、全国的には減少傾向が著しい。特に千葉県で圃場整備によって壊滅的に減少したことがよく知られている。千葉県では産卵期が１～２月と早く、圃場整備が済んだ乾田では産卵期に水がないため地域的に絶滅していったと考えられている。一方、那須地域を含む栃木県中部以北の地域では、もともと産卵期が遅く、水田に水が入る４月中旬以降でも産卵できるため乾田化によるダメージが少なく済んでいるものと考えられる。

（4）シュレーゲルアオガエル

　シュレーゲルアオガエルは、4月末から6月中旬に低地から山地の水田、湿地、池などで、水際の土に穴を掘り、その中に白い泡状の卵塊を産みつける。低地では、7月上旬には変態後間もない子ガエルが現れる。繁殖期以外は水辺を離れて林の中で暮らすため、生息には、産卵に適した水域と林地が隣接している必要がある。このため、ニホンアマガエルやトウキョウダルマガエルに比べると生息確認地点はずっと少ないが、那須地域には林に隣接する水田がまだ多く残っていることを反映して、丘陵地を中心に広く生息が確認されている。那須町寄居・大島・高久、那須塩原市油井・百村・西岩崎・鳥野目・高林・上横林・関谷・宇都野・鍋掛、大田原市羽田・寒井・親園、那珂川町小砂・和見・高岡・馬頭・大内、那須烏山市志鳥・福岡・八ヶ代・曲田・大木須などがその例である。

　なお、塩原のヨシ沼（1020m：那須地域の最高生息地点）や大沼（970m）など山地の湿地や池の周辺にも生息しているが、那須山地の沼原湿原には生息しない。

写真19　ツチガエル　那須烏山市森田

（5）ツチガエル

　ツチガエルは、背中にイボがあるため、「いぼがえる」と呼ばれることが多く、捕まえると臭いにおいを出す。低地から山地にかけての水田、池、湿地などで産卵し、産卵期は5〜8月にかけてと長い。これまでに紹介したカエルとは異なり、変態するまでにかかる期間が長いのが特徴で、多くの場合、幼生のまま冬を越える。また、非繁殖期にも水辺からはあまり離れず、冬は水底で越冬することが多い。このため、本種の生息には、一年中水がある環境が必要である。

　栃木県内で「田んぼのカエル」に関する聞込み調査を行った結果、ツチガエルはかつて水田地帯に広く生息していたが激減し、特に県南の平野部の水田からはほぼ姿を消してしまったことが明らかになった。これは、圃場整備の進行に伴い、常に水がある環境が失わ

れたことが大きい。一方、那須地域では、県南の壊滅的な状況とは異なり、ツチガエルが生息する水田があちこちに残っている。その主な環境のひとつは、那須町横岡・寄居、那須塩原市寺子、大田原市寺宿・須賀川、那須烏山市森田・曲畑などに見られる丘陵部の土水路が残る小規模な水田である。

もう一つの環境としては、河川に接した水田である。那珂川では那須町稲沢、大田原市寒井・佐良土など、黒川では那須町伊王野など、蛇尾川では大田原市宇田川など、箒川では那須塩原市金沢・上大貫・下大貫、大田原市上石上・薄葉・蛭田など、荒川では那須烏山市藤田・小河原などに見られる。これらの地域では、各河川の河川敷にある湧水点や自然の小水路などにツチガエルが生息しており、水田と河川敷の両方を利用することで生き残っているものと思われる。また、大田原市滝岡など那須野が原の扇端部の湧水地周辺に生息するツチガエルは、湧水により一年中水が豊富にあることによって支えられているものと思われる。

なお、本種は山地では生息地点、個体数ともに多くないが、塩原の大沼周辺では生息が確認されている。一方、那須山地の沼原湿原には生息していない。

写真20　ウシガエル　那須烏山市曲畑

(6) ウシガエル

ウシガエルは北アメリカ原産の大型のカエルで、日本へは食用目的で大正7年 (1918) に初めて移入された。その後、日本各地に定着しているが、在来の水辺の小動物を捕食して悪影響を与えるため、現在では特定外来生物に指定されており、飼育や野外への放逐などは禁じられている。栃木県内では、平野部を中心に池や沼、水の流れが緩やかな大きな川や水路などに生息している。主にヨシやガマなどの水草が生えた水深の深い場所で産卵し、幼体や成体も繁殖場所周辺に生息している。

本種は広い沼やダム湖など、ほかの止水産卵性両生類とは異なる環境を好むうえ、本種を対象とした分布調査は那須地域では行われていない。そのため、分布状況の全容は不明だが、那須地域においても大田原市藤沢の琵琶池

写真21　アズマヒキガエル　那須塩原市沼原湿原

写真22　アズマヒキガエルの卵塊

や那須烏山市森田の猿久保溜をはじめとする低地の大小の池に侵入し定着している。特に農業用のため池に多く、那須町芦野、那須塩原市寺子・越堀、那珂川町馬頭・北向田、那須烏山市三箇・福岡・曲畑などで生息が確認されている。また、那珂川本流の流れが緩い場所にも生息しており、那珂川町吉田や那須烏山市旭などで確認されている。

（7）アズマヒキガエル

　アズマヒキガエルは、平野部から山地まで広い範囲に生息し、池や沼などの止水環境に産卵する。低地では、ため池や人家の庭の池などで産卵することが多い。また、山地では林道のわだちにできた水たまりなども産卵場所として利用する。

　本種は低地では3月下旬から4月上旬にかけてが産卵期だが、標高650m

写真23　群れ集まるアズマヒキガエルの幼生

の塩原の箱の森プレイパークでは4月下旬（君島章男氏私信）、標高1230mの沼原湿原では5月上旬〜中旬と標高が上がるに従って遅くなる。1カ所での産卵期間は1週間程度と短く、盛んに産卵が行われるのは数日間に過ぎない。そのため、多くのヒキガエルが集まり、オスがメスをめぐって争う様子が人目につき、「ガマ合戦」あるいは「蛙合戦」と呼ばれる。産み付けられた卵塊は、ひも状の独特な形をしている。また、幼生は、黒くて小さく、群れ集まる習性がある。このため、ほか

のカエルの卵塊や幼生とは容易に見分けることができる。

　那須地域では、那須烏山市森田、那珂川町小口・小砂など標高100m前後の低地から那須山地の標高1600mを超える山の中まで広い範囲に生息している。山間部では、那須、大佐飛、高原山地側でも、八溝山地側でも、本種は比較的生息密度が高く、夏、沢を遡ると本種に出会うことが多い。一方、低地での生息状況については情報が少ない。

　山地に生息するアズマヒキガエルは、低地産にくらべて体が小さく、赤みを帯びた体色の個体の割合が高い。また、本種は栃木県の中部・南部の低地では顕著に減少しており、那須地域でも同様の傾向にある可能性がある。これらのことを考慮すると、低地産のアズマヒキガエルが人知れず姿を消してしまわぬよう、既知の産卵地とその周囲の環境保全には留意する必要がある。

(8) アカハライモリ

　アカハライモリは、低地から山地まで広く分布し、湿地や池など一年中水がある環境に生息する。5～7月に水中の落ち葉や水草、草の根などに卵を1個ずつ産みつけ、幼生は秋に変態し

写真24　アカハライモリ　那須塩原市油井

上陸する。さらに上陸した幼体は、性成熟するまでの数年間を、水に入らず林や湿り気の多い草むらなど陸上ですごす。このため、アカハライモリが生息するためには、繁殖場所および成体の生活場所となる一年中水がある水域と幼体が成熟するまで暮らす林が隣接していることが必要となる。

　栃木県の中部や南部の平野部では、池や湿地の開発、小川の埋め立てやコンクリート水路化、水田の圃場整備、水田に隣接する林の喪失などによって、アカハライモリは非常に少なくなってしまった。そのような中、決して高密度で連続的に分布しているわけではないが、低地の水田にもアカハライモリの生息地が残っていることは那須地域の特徴である。

　アカハライモリが残っている水田の環境としては、ツチガエルの場合と同様、主に丘陵部の水田と河川沿いの水

田が挙げられる。また、大田原市の南金丸・親園、那須塩原市鍋掛など那須扇状地の湧水点付近にもアカハライモリが生息する水田が点在している。河川と接していない平坦地の水田にも散見され、ツチガエルよりもむしろ生息確認地点は多い。

　山地では、塩原のヨシ沼・大沼、那須山地の沼原湿原を始め、大小の池や湿原に生息している。ただし、山地においても生息密度は決して高くない。これまでに生息を確認できた最高地点は那須山地の南月山山腹の標高1370mの池だが、さらに高い地点の池塘にも生息している可能性が高い。

5．山地の湿原の両生類

（1）クロサンショウウオ

　クロサンショウウオは、東北地方から中部地方北部にかけての本州と佐渡に分布する。他地域では海に近い標高数mの場所にも生息することがあるが、栃木県では山地にのみ生息する。那須地域では、那須、大佐飛、高原山地に分布し、八溝山地側には生息しない。塩原では、大沼・狩場沼・夏沼・赤沼・ヨシ沼などが産卵地としてよく知られ、4〜5月に水中の木の枝に白い水餅のような卵嚢を鈴なりに産み付ける。また、那須山地では、沼原湿原

写真25　丸太の下にいたクロサンショウウオ　那須塩原市下塩原

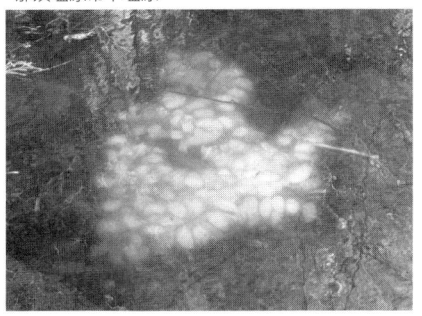

写真26　クロサンショウウオの卵嚢　那須塩原市赤沼

や姥が平のほか、山腹や稜線に点在する大小の池や沼が産卵に利用されている。筆者が確認した生息確認地点のうち、最も標高が低いのは湯本塩原の湿原などの標高900m、最高は那須山地の大倉山山頂近くにある五葉の泉の1790mである。

　近年、塩原地域では、雨が降る時期や降水量の変化によって大沼をはじめとする産卵地で水不足になり、繁殖に失敗する年が目立つようになったという（君島・刈部，2010）。大沼では、さらに人が放したフナによる食害が深刻

写真27　モリアオガエル　那須塩原市沼原湿原

写真28　ヤマアカガエル　那須塩原市沼原湿原

である。

(2) モリアオガエル

　モリアオガエルは本州と佐渡に分布し、他地域では海岸近くの低標高地に生息することもあるが、栃木県内では県北西部の山地に主に生息している。

　那須地域では、那須、大佐飛、高原山地に分布し、八溝山地側には生息しない。山地の池や沼が産卵地として利用されており、塩原の大沼・ヨシ沼、那須山地の沼原湿原・姥が平などが産卵地として知られている。このほかにも、大小の池や湿地が産卵に利用されており、筆者の知る那須地域の生息地の最低標高は那須塩原市上塩原引久保の標高645m、最高地点は那須山地の大倉山の五葉の泉の1790mである。

　木の上に白い泡状の卵塊を産みつけることでよく知られており、実際、初夏の湿原で木の枝に本種の卵塊がぶら

下がっているのを目にするが、那須地域では、木の上よりも水辺の草むらに産み付けられる卵塊の方が多い。

　クロサンショウウオと同様に、塩原では水不足が繁殖の失敗につながっていると指摘されており、大沼ではフナによる食害も問題になっている（君島・刈部, 2010）。

(3) ヤマアカガエル

　ヤマアカガエルは低地から山地まで広く分布するが、その名のとおり、山地で生息密度が高い。産卵場所としては池や湿地、小さな水たまりなどを主に利用しており、水田にも産卵する。非繁殖期には、産卵場所の近くのほか、かなり離れた林内を生活場所とすることがある。

　那須地域では、那須、大佐飛、高原山地方面にも、八溝山地方面にも生息する。那須や塩原の大小の湿地や池の

周辺で普通に見かけるほか、山地の沢を歩くと本種に出会うことが多い。標高が高い生息確認地点としては、那須山地の南月山山腹の1340mなどがあり、低地では、那須烏山市曲田の標高100mで確認されている。

　水田での確認例としては、このほか、那須町大島・高久丙、那須塩原市油井・百村、那珂川町和見、那須烏山市森田・小塙などがある。これらの水田ではニホンアカガエルも繁殖しており、両種のオスが並んで鳴いていることもある。なお、那須烏山市森田で、水田を囲って春先のカエル類の移動調査を行ったところ、ヤマアカガエルは3月初旬に水田に移動し始め、下旬には終わっているのに対し、ニホンアカガエルは3月下旬に始まり4月中旬に盛期を迎えるというように、ヤマアカガエルの方が早く産卵のための移動を行っていることが明らかになった（中茎ほか，2003）。

写真29　6月の沼原湿原

6．沼原湿原の水環境と両生類

（1）沼原湿原に生息する両生類

　沼原湿原は、那須山地の主稜線西側の標高約1230mに位置する南北約500m、東西約200mの細長い湿原である。この湿原は、過去、カラマツ植林のための排水路が掘削されたり、湿原南部に揚水発電用貯水池（沼原池）が建設されるなど、人為的に改変されてきた。それでもなお、ザゼンソウやニッコウキスゲなどをはじめとする湿原の植物が豊かな湿原として知られ、多くの人が足を運ぶ観光地となっている。両生類も、クロサンショウウオ、トウホクサンショウウオ、アカハライモリ、モリアオガエル、ヤマアカガエル、アズマヒキガエルの6種が繁殖している。

　山地の湿原の両生類の生態について情報を得るために、1999年から2011年にかけて、この湿原を通年で訪れ、両生類の活動時期には2週間に1度程度の頻度で昼と夜に木道を歩き、観察できる両生類の記録をとった。その記録に基づいて、この湿原の両生類の暮らしぶりを紹介しよう。

写真30 雪が残る4月中旬の沼原湿原

写真31 産み付けられたクロサンショウウオの卵嚢

(2) 沼原湿原の両生類の1年

沼原湿原の春は雪解けと共に始まる。一面雪に覆われていた湿原に、水面が顔を出すのは例年4月の中旬ごろ。水面が現れてほどなく、まず、クロサンショウウオが産卵を開始する。クロサンショウウオは、概ね4月中旬から5月下旬にかけて産卵するが、例年4月末から5月10日ごろが最盛期である。トウホクサンショウウオはクロサンショウウオに比べると個体数が少なく、また、その無色透明な卵嚢は、白いクロサンショウウオの卵嚢に比べると目立たない。しかし、木道の下をのぞいてよく探すとトウホクサンショウウオの細長い卵嚢が見つかる。

クロサンショウウオと共にヤマアカガエルも産卵期を迎え、湿原はヤマアカガエルのキュキュキュ……という高い鳴き声に包まれる。ヤマアカガエルの産卵期は4月下旬から5月下旬にかけての約1カ月で、無色透明のゼリー質に包まれた卵塊が湿原内の浅い水域に産み付けられる。

クロサンショウウオやヤマアカガエルの産卵開始に遅れて、5月上旬から中旬にかけてアズマヒキガエルがひも状の卵塊を産みに現れる。コッコッコッと大きい体に似合わぬ甲高い声でオスはメスを呼ぶ。池でオスがメスに抱きつこうとあばれ回り、それ以前に産み付けられていたクロサンショウウオの卵嚢がばらばらに水中に散らばってしまうことも多い。なお、アズマヒキガエルの産卵期は短く、10日間程度で終わってしまうためアズマヒキガエルの産卵期はクロサンショウウオやヤマアカガエルの産卵期間中に始まって終わることになる。アズマヒキガエルが集まると、これを狙って湿原上空を旋回するトビ、ノスリ、ハシブトガラスの姿が目立つようになる。ヒキガエ

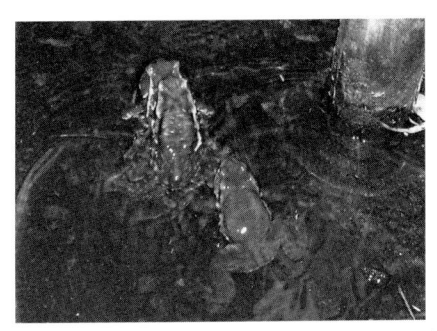

写真32　産卵に集まったアズマヒキガエル

写真34　木道の下に出てきたアカハライモリ

写真33　木道上に食べ残されたアズマヒキガエルの死骸

写真35　木道の隙間で鳴くモリアオガエルと卵塊

ルは皮膚から白い毒液を出すが、これらの鳥は捕らえたヒキガエルを木道上に仰向けに置く。そして毒が少ない腹側の皮膚を破って内臓や手足の筋肉などを食べ、頭や背中の皮を残す。このため、この時期には木道上にヒキガエルの死体が点々と残され、訪れた観光客を驚かせることになる。

　これら4種にやや遅れ、アカハライモリが産卵を開始する。アカハライモリは卵を一粒ずつ水中の枯れ草などに産み付けるため、その卵に気づくことは難しい。計測のために採集したメスの抱卵状態から、この湿原のアカハライモリは5月10日ごろから7月中旬にかけて産卵することが明らかになった。

　暖かい季節を迎えてから産卵を始めるのはモリアオガエルだ。6月上旬から7月下旬にかけて、白い泡状の卵塊を、池のわきの木の枝や岩、草の根元、ミズゴケの中などに産み付ける。モリアオガエルというと、木の枝に産卵することがよく知られているが、この湿原では、草の根際やミズゴケの中に産み付けられることが多いため、鳴

写真36 上陸したモリアオガエルの幼体

写真37 上陸したクロサンショウウオの幼体

写真38 干上がった沼原湿原 乾燥したクロサンショウウオの卵嚢が見える 1997年5月8日

き声の量の割に卵塊はあまり目につかない。

6月には鰓（えら）が目立つクロサンショウウオの幼生が水中に点在し、水面に浮かんでいることも多い。一方、トウホクサンショウウオの幼生はクロサンショウウオの幼生に紛れてしまうのか、生息する微環境が異なるのか目につかない。黒くて小さいアズマヒキガエルの幼生は、集まって黒い塊になっていることが多い。ヤマアカガエルとモリアオガエルの幼生はどちらも茶褐色だが、ヤマアカガエルが水底で密集

していることが多いのに対し、モリアオガエルの幼生は水の中の中層を個体同士の距離をとって泳いでいることが多い。

7月上旬からアズマヒキガエルとヤマアカガエルの子ガエルが上陸し始める。クロサンショウウオは8月から、モリアオガエルとアカハライモリは9月に入ってから変態中の幼生や上陸したばかりの幼体が出現するようになる。やがて11月に入ると時々湿原に雪が降り、12月以降4月までは雪に覆われる。

このほか沼原湿原には数は少ないがニホンアマガエルが生息しており、5〜6月の気温の高い晩には湿原下部で鳴き声を聞く。しかし、湿原のどこか目につかないところで繁殖しているのか、これまでに木道上からの観察では本種の幼生を確認したことはない。

写真39　満水状態の沼原湿原　2011年5月11日

写真40　干上がった沼原湿原下部　2011年6月13日

写真41　上の写真と同じ日の沼原湿原上部　2011年6月13日

（3）沼原湿原の水環境と両生類の利用場所の関係

観察のために何度も沼原湿原を訪れると、湿原の大部分が干上がっていることも多い。この湿原は、下部（南部）は頻繁に干上がる一方、上部（北部）は水深は浅いものの比較的水量が安定している。また、水温を調べると、下部は高く、上部は低い。これは、上部には流入水や湧水があるのに対し、下部は湧水が少なく上部から供給される水によって涵養されていることと、過去の人為的な掘削等により特に下部で不透水層が失われ、水底の保水性が低いことを反映している。

両生類にとっては、湿原内の下部は水が温かく成長に適しているが、干上がる危険性が非常に高い場所である。実際、水が無くなってしまったために、干からびてしまったクロサンショウウオ、ヤマアカガエル、アズマヒキ

ガエルの卵塊や幼生は毎年のように観察される。一方、湿原上部は干上がることは少ないが、水が冷たく成長が遅れる危険性がある場所である。湿原上部の特に水温が低い水域では、10月に入っても変態の兆しが見えないクロサンショウウオやヤマアカガエルの幼生が見られ、11月以降、そのような水域が凍結した際にはこれらの幼生の死体が水底に見られ、おそらく全滅してしまうものと思われる。

この湿原で繁殖する両生類のうち、クロサンショウウオ、トウホクサン

ショウウオ、ヤマアカガエル、アズマヒキガエルの4種は湿原の下部でも上部でも産卵を行うが、アカハライモリとモリアオガエルは、上部では1カ所だけある水温が高い水たまりを除き、湿原の下部で産卵する。これは、後者2種は暖かくなってから産卵する、比較的高めの水温を好む種であることを反映しているものと思われる。

このように、沼原湿原は人為的な改変の結果、水深の変化が激しく干上がることも多い。雨が多く干上がらない年と、雨が少なく干上がる期間が長い年では、両生類の卵や幼生の死亡率はきっと大きく異なっているに違いない。近年、地球規模の気候の変化によって雨の降り方が変わってきたことが指摘されている。このような変化がこの湿原の両生類にどのような影響を及ぼすのか気になるところだ。

7. おわりに

紹介してきたように、那須地域では、流水、止水のさまざまな環境を15種の両生類が利用している。八溝山地側にハコネサンショウウオ類やトウホクサンショウウオの生息が今後確認される可能性があること、タゴガエルには少なくとも2種は含まれておりその詳細は不明であることなど、この地域の両生類について解明すべき課題があることも述べてきた。また、この地域の両生類について特筆すべきこととして、ツチガエルやアカハライモリが丘陵部や河川に隣接する水田などで見られること、カジカガエルが山地の渓流だけでなく低地の中流域にも残っていることなど、他地域では減少が著しい種が残っていることを挙げた。トウキョウダルマガエルやニホンアカガエルが普通に生息する水田地帯は、かつて当たり前であったが今では決して当たり前ではなくなってしまった地域の貴重な財産である。この財産を次世代に健全な姿で受け渡せることを願っている。一方、県南の水田地帯で分布を拡大しつつある国内外来種のヌマガエルが、今後この地域にも分布を拡げる可能性があり、変化は起こり続けることだろう。

水環境と陸環境の両方が適していないと暮らしていけない両生類。この小さな生き物が末永くこの那須地域に生息し続けていけること、そして、彼らについての調査がさらに進むことを願って本稿を終えたい。

参考文献

Eto, K., M. Matsui, T. Sugahara, and T. Tanaka-Ueno, 2012. Highly complex mitochondrial DNA genealogy in an endemic Japanese subterranean breeding brown frog *Rana tagoi* (Amphibia, Anura, Ranidae). Zoological Science 29: 662-671.

君島章男・刈部敬子, 2010. 爬虫類・両生類. 那須塩原市動植物調査研究会・那須塩原市生活環境部環境管理課編, 那須塩原市動植物実態調査報告書（西那須野地区・塩原地区）. 那須塩原市動植物調査研究会, 那須塩原市, pp 259-264.

林光武, 1998. 両生類・爬虫類. 黒磯市動植物実態調査研究会編, 黒磯市動植物実態調査報告書. 黒磯市動植物実態調査研究会, 黒磯市, pp 229-236.

林光武, 2002. 那須御用邸附属地の両生類・爬虫類. 栃木県立博物館編, 栃木県立博物館研究報告書 那須御用邸の動植物相. 栃木県立博物館, 宇都宮, pp 53-61.

林光武・赤羽記年・石塚利一・木村有紀, 2000. 栃木県におけるヌマガエル *Rana limnocharis* の分布確認記録. 栃木県立博物館研究紀要 17: 109-112.

中茎元一・大島弘・林光武. 2003. カエルの越冬場所及び産卵行動に伴う移動方向把握調査について. 日本農業土木学会関東支部講演会資料.

那須塩原市那須野が原博物館編, 2012. 塩原の自然. 那須塩原市那須野が原博物館, 那須塩原市. 210 pp.

那須塩原市那須野が原博物館編, 2015. 那須野が原の自然. 那須塩原市那須野が原博物館, 那須塩原市. 215 pp.

那須塩原市生活環境部環境管理課編, 2017. 那須塩原市レッドデータブック 2017. 那須塩原市生活環境部環境管理課, 那須塩原市.

日本爬虫両棲類学会. 2017. 日本産爬虫両生類標準和名リスト（2017年12月9日版）.

日本爬虫両棲類学会ホームページ http://herpetology.jp/wamei/index_j.php.

千石正一・長谷川雅美・森口一, 1980. 両生爬虫類. 栃木県林務観光部環境観光課編, 那珂川源流部（大佐飛山）及び袈裟丸山地域学術調査報告書. 栃木県林務観光部環境観光課, 宇都宮市, pp.147-154.

篠崎尚史, 1990. 両生類・は虫類. 財団法人国立公園協会編, 自然公園内環境調査 日光国立公園（塩原地区）. 財団法人国立公園協会, 東京, pp 100-110.

篠崎尚次・赤羽記年・千石正一・野崎英吉・大河内勇・森口一・長谷川雅美, 1980. 両生類. 栃木県林務観光部環境観光課編, 那珂川源流部（大佐飛山）及び袈裟丸山地域学術調査報告書. 栃木県林務観光部環境観光課, 宇都宮市, pp.25-35.

栃木県環境森林部自然環境課・栃木県立博物館編, 2018. レッドデータブックとちぎ 2018 − 栃木県の保護上注目すべき地形・地質・野生動植物 −. 栃木県環境森林部自然環境課, 宇都宮市.

栃木県自然環境調査研究会両生爬虫類部会編. 2001. 栃木県自然環境基礎調査 とちぎの両生類・爬虫類. 栃木県林務部自然環境課, 宇都宮市.

栃木県林務部自然環境課・栃木県立博物館編, 2005. レッドデータブックとちぎ − 栃木県の保護上注目すべき地形・地質・野生動植物 −. 栃木県林務部自然環境課, 宇都宮市.

長谷川雅美, 1998. 水田耕作に依存するカエル類群集. 江崎保男・田中哲夫編, 水辺環境の保全. 朝倉書店, 東京, pp 53-66.

吉川夏彦, 2015. 最近の日本産ハコネサンショウウオ属の分類に関する雑記. 両生類誌 27: 1-8.

那須地域のトンボ
豊かな水辺とトンボの多様性

多和田　潤治

1．はじめに

　那須地域は変化に富んだ地形と多様な水辺環境があり、トンボ相も豊かな地域である。今回は、那須地域において、過去の記録や採集標本、筆者の調査などで確認されたトンボ12科83種（表1，p.44-47）について、生息環境や季節的な消長、トンボ相の特徴を紹介する。

　トンボはヤゴと呼ばれる幼虫時代を川や池の底にひそんだり植物につかまったりしながら、小さな動物を食べて成長する。成虫になると、未熟な時期は羽化した場所から離れた草地や林縁で過ごし、成熟すると水辺に戻り相

写真1　オニヤンマの羽化
トンボの生活環境は羽化を境に水中から空へと変化する

手を見つけて交尾や産卵をする。そのため、トンボの一生には、水の流れの有無や水深、水底の状態、水生植物の有無といった「水中の環境」と、未熟期を過ごす草地や森林、そして繁殖活動を行う水際の植生といった「陸地の環境」を合わせた複合的な水辺環境が関わっている。

　トンボを生息環境で大別すると、川や沢など流れのある水域を好む流水性の種と、池沼や湿地など流れのない水域を好む止水性の種に分けられる。一般的にカワトンボ科やサナエトンボ科は流水性、イトトンボ科やモノサシトンボ科、アオイトトンボ科、トンボ科は止水性の種が多いが、種類によって好みの環境は異なる。

　そこで、次章からは那須地域の地形について水辺環境を中心に解説し、それぞれの環境とそこに生息するおもなトンボを紹介する。

　なお、本稿では那須塩原市、大田原市、那須町の2市1町の範囲を那須地域とする（図1）。

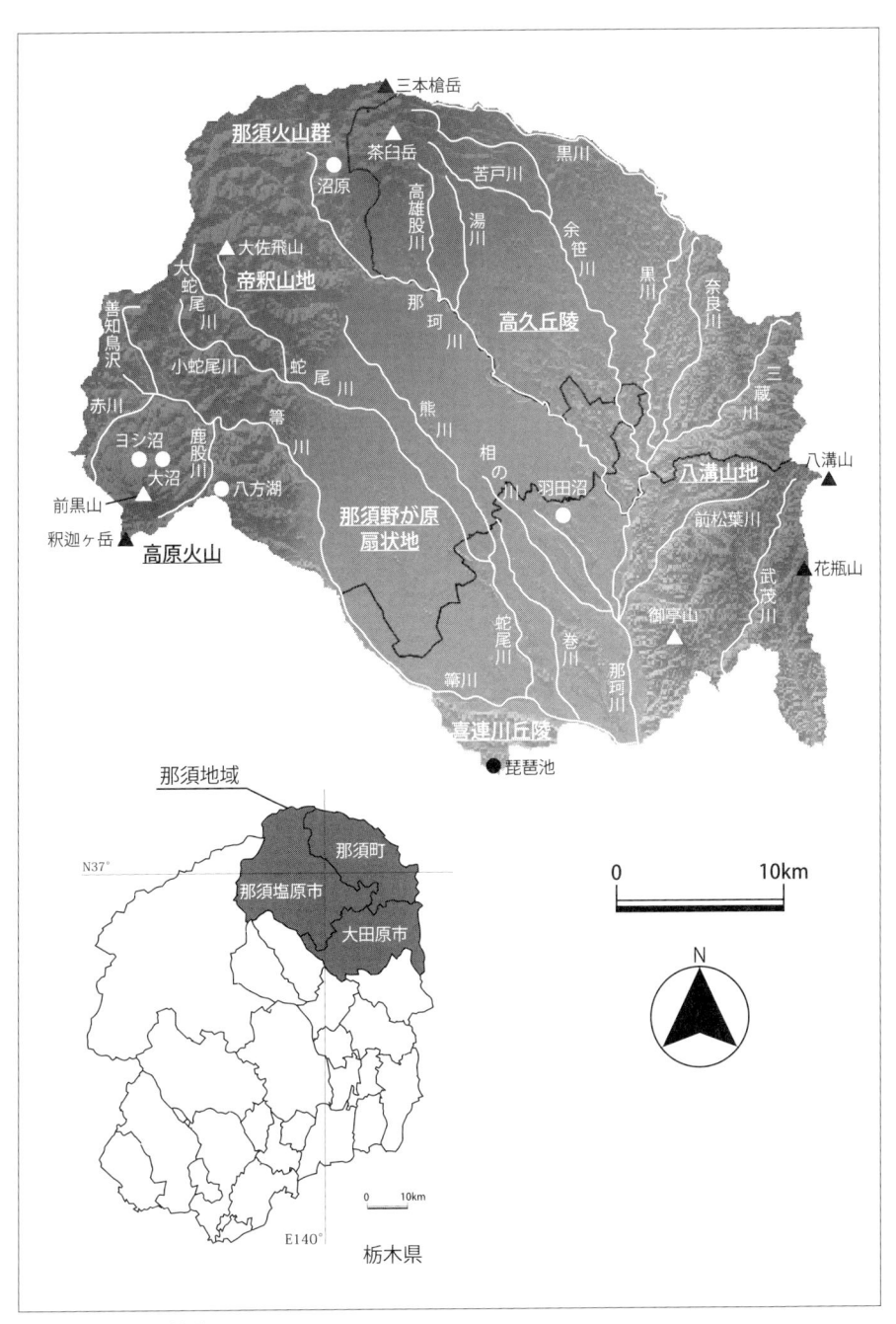

図1　那須地域の地形

2．那須地域の地形と水辺環境

　那須地域は栃木県の北東部に位置し、西縁は北から那須火山群、帝釈山地（下野山地）、高原火山が連なり、東縁には八溝山地が南北に伸びている。山地に挟まれた中央部には、北から高久丘陵、那須野が原扇状地、喜連川丘陵が広がる。

　那須火山群は、三本槍岳、茶臼岳、朝日岳、黒尾谷岳、南月山など1900m前後の山々からなる。これらの山地は那珂川・余笹川・黒川の流れをつくっている。茶臼岳の南西約3.5km、標高1230mの地点には沼原湿原があるが、水位の変動が大きく、たびたび干上がるため、トンボの繁殖にはあまり適していない。

　帝釈山地東部は、大佐飛山や黒滝山などの山々が急峻な地形をつくり、蛇尾川や熊川の源流となっている。

　高原火山は釈迦ヶ岳や前黒山、剣ヶ峰などで構成される。赤川（写真2）や鹿股川、甘湯沢、不動沢などの河川が深い渓谷や落差の大きな滝をつくり箒川に注いでいる。前黒山から北に約2〜3kmの地点に大沼とヨシ沼が、東に約5.5kmの地点に八方湖がある。これらは池沼と湿地からなり、高標高地における重要な生息地となっている。

　八溝山地は、八溝山（1022m）を主峰とし、花瓶山や御亭山など600m前後の山々が南北に連なる。おもに中生代の堆積岩類から構成され、武茂川やその支流が深い谷を形成している。

　那須火山群の東南麓に広がる高久丘陵は、標高280〜450mで、北西から南東方向に緩やかに傾斜する。幾筋もの小川が蛇行し、小さな池沼や湿地が点在する。那須地域で最も多様な水辺環境が残る地域となっている。

　那須野が原扇状地は、那珂川・熊川・蛇尾川・箒川などの河川が形成した複合扇状地である。標高は120〜560mで、北西から南東方向に緩やかに傾斜する。山地に近い扇頂部は、砂礫が厚く堆積するため、池沼や湿地はほとんどなく、農地の多くは畑地や牧草地で、水田は少ない。また、蛇尾川や熊川の水は地下に浸透し、石ころだらけの礫原となっている。一方、扇央部から扇端部にかけては伏流した地下水が地表に湧き出て津室川や蕪中川、おかんじち川などの小さな川をつくっている。また、一帯には平坦な地形をいかした田園地帯が広がっている。

　喜連川丘陵は、砂礫層と凝灰岩からなり、その上を厚いローム層が覆っている。北西から南東方向に伸びる丘陵に沿って小川が流れ、谷あいには琵琶池や平山溜などのため池が見られる。

3. トンボと水辺環境

(1) 流水域

①河川源流域から上流域

　源流域は勾配が急で流れが速く、瀬と淵が不規則に変化する。川底は礫や石などからなり、周囲は木々に覆われている。こうした環境は、ムカシトンボやオナガサナエ、ヒメサナエなど生息する種は限られている。

　ムカシトンボ(写真3)は、三蔵川や熊川、スッカン沢、如来沢など、山地から丘陵地の森林に囲まれた源流域や細流に生息する。生息地の標高は約270〜1000mと幅広く、八溝山地では標高の低い地点でも見られる。幼虫は直径数十cmの礫からなる川の瀬で、石の下やすき間などにひそんで生活する。河川に棲むトンボは、羽化するまで数年かかる種が多いが、中でもムカシトンボは幼虫の期間が長く、5〜7年ほどかかるといわれている。

　上流域では、クロサナエ(写真4)やヒメクロサナエ、ダビドサナエ、ミヤマカワトンボ(写真5)などが見られる。ヒメクロサナエは、木々に覆われた山間の沢を好み、大川やツル沢、如来沢などで確認されている。ミヤマカワトンボは、木ノ俣園地などの川沿い

写真2　赤川(那須塩原市)

写真4　水辺の石上で羽化するクロサナエ

写真3　ムカシトンボ(撮影：髙久里子氏)

写真5　ミヤマカワトンボ

を散策すると川辺で翅を休めたりひらひらと飛び交ったりする姿を見かける。川岸に抽水植物（水底に根を張り、葉や茎を水面から出す植物）が生える環境を好み、メスは植物をつたいながら潜水して組織内に産卵する。

②河川中流域と小川

那珂川や箒川（写真6）の中流域は、山地を出ると流れが緩やかになり、川幅は十数mから数十mに広がる。川底は石や砂利、砂で構成される。川岸には河川敷が発達し、ススキやツルヨシ、メガルカヤなどが群落をつくっている。川幅が広い本流はトンボの種類

はあまり多くないが、河川敷を流れる細流には、モノサシトンボやハグロトンボ（写真7）、ミヤマサナエ、ミヤマアカネ（写真8）、マユタテアカネ、ノシメトンボなどの姿が見られる。また、ガマ類が生育する水たまりには、マダラヤンマが現れることもある（佐藤，1996）。

湧水地から流れ出た小川は、川岸にヨシやミクリなどの抽水植物が繁茂し、水中にはバイカモやカワゴケ、カワモズク類などが生育する。明るく開けた小川（写真9）には、アオハダトンボやハグロトンボ、ニホンカワトンボ

写真6　箒川（大田原市）

写真8　ミヤマアカネ

写真7　ハグロトンボ

写真9　大清水川（大田原市）

（写真10）のほか、オニヤンマ（写真11）やコオニヤンマ（写真12）、コヤマトンボなどが見られる。ニホンカワトンボは、那須地域ではメスの翅の色はすべて無色なのに対し、オスは橙色型と無色型の2つの型がある。コオニヤンマは、大きな体に黄色と黒の縞模様をもっている。一見、オニヤンマに似ているが、実際はサナエトンボ科という別のグループに属する。オニヤンマは左右の複眼が大きく頭頂部で接しているのに対し、コオニヤンマは頭部が小さく、複眼も離れていることで判別できる。両種とも、繁殖期になるとメ

スは浅い砂利底の細流を訪れて産卵する。

　木々に覆われたうす暗い細流では、ミルンヤンマ（写真13）やコシボソヤンマなどが見られる。ヤンマ科の多くは、日中は林内の枝先などにとまって休み、早朝や夕方になると活発に飛び回る黄昏飛翔と呼ばれる習性をもつ。前述の2種のほか、マルタンヤンマやヤブヤンマ、カトリヤンマなどが知られている。特にヤブヤンマはその傾向が強く、日没後の暗くてほとんど見えないような時間でも活発に飛翔する。

写真10　ニホンカワトンボ（橙色型）

写真12　コオニヤンマ

写真11　オニヤンマ

写真13　ミルンヤンマ

(2) 止水域

①山地の池沼と湿地

標高960mに位置する大沼（写真14）は、ヨシの群落とスゲ類の優占する湿生草地、池沼で構成される。また周辺は、ハルニレやミズナラなどの大木で覆われている。ヨシ沼（写真15）は北西側から北側にかけてヨシが優占し、東側ではヌマガヤが多く生育する。湿地内には部分的にミズゴケが繁茂しミツガシワやワタスゲなどの湿生植物が見られる。

大沼・ヨシ沼を特徴づけるトンボとして、エゾイトトンボ（写真16）とオゼイトトンボ（写真17）が挙げられる。どちらも全長3〜4cmほどのイトトンボ科で、オスは青色、メスは緑色の地に、黒色条をともなう。両種はオスの腹部第2節背面の模様で区別できる。スペード型の紋をもつのがエゾイトトンボ、ワイングラス型の紋をもつのがオゼイトトンボである。覚えにくい場合は「尾瀬で乾杯！」とイメージすると分かりやすい。どちらも寒冷な湿地を好むが、エゾイトトンボは高原山系の高標高地にのみ分布するのに対し、オゼイトトンボは八溝山地や高久丘陵などにも分布する。

写真14　大沼（那須塩原市）

写真15　ヨシ沼（那須塩原市）

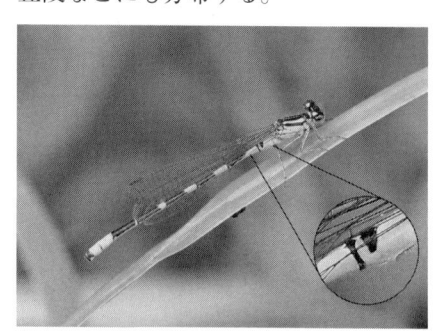

写真16　エゾイトトンボ

写真17　オゼイトトンボ

また、大沼にはオオルリボシヤンマ（写真18）とルリボシヤンマが見られる。この2種も寒冷な地域の湿地や抽水植物が繁茂する池沼に生息するが、オオルリボシヤンマの方がより大きくて深い池沼を好む傾向がある。

ヨシ沼は、日本で最も小さなハッチョウトンボ（写真19）の観察地としても知られている。全長は2cmほどで、飛んでいる姿はトンボというよりアブに近い印象で慣れないと見過ごしてしまう人もいるだろう。ヨシ沼は県内では最も標高の高い生息地となっている。那須地域の他の生息地は標高約250〜550mであり、なぜこのような高標高地に生息しているのか興味深い。

八方湖（写真20）は、周りをミズナラやカエデ類に囲まれた人工湖である。付近にはスゲ類などが繁茂する湿地や小さな池沼が点在する。前述したエゾイトトンボやオゼイトトンボ、ルリボシヤンマ、オオルリボシヤンマなどの寒冷地を好む種のほかに、暖地性のネキトンボ（写真21）も見られる。ネキトンボは抽水植物が繁茂する深くて大きな池沼を好み、県内ではおもに平地から丘陵地にかけて局所的に分布している。

写真18　オオルリボシヤンマ

写真20　八方湖（那須塩原市）

写真19　ハッチョウトンボ

写真21　ネキトンボ

②丘陵地と扇状地の池沼

　高久丘陵や喜連川丘陵、そして八溝山地の麓は、起伏に富んだ地形となっており、谷あいには農業用のため池（写真22）が点在する。特に、那須町の高久丙や那須塩原市の寺子・越堀にはため池が多く、トンボの繁殖に適した良好な環境が残されている。

　日当たりが良く水深の浅い池沼には、カサスゲやカンガレイ、ジュンサイ、ヒツジグサなどの水生植物が生育する。このような池は、植物の組織内に産卵するイトトンボ科やヤンマ科のほか、水面に産卵するトンボ科やサナエトンボ科など多くの種が利用する。背丈の低い抽水植物が密生するところには、クロイトトンボ（写真23）やアジアイトトンボ、オオイトトンボ、ホソミオツネントンボ（写真24）、アオイトトンボなどが見られる。ヨシやガマなど背丈の高い植物が繁茂するところには、ヨツボシトンボ（写真25）やマイコアカネ、マダラヤンマなどが現れる。さらに、シオカラトンボやショウジョウトンボ（写真26）、コフキトンボ、ノシメトンボ、チョウトンボ（写真27）など多くのトンボ科や、ルリボシヤンマやコヤマトンボなどが見

写真22　水生植物の多いため池（那須町）

写真24　交尾するホソミオツネントンボ

写真23　産卵するクロイトトンボ

写真25　ヨツボシトンボ

られる。

さらに、羽田沼（写真28）や琵琶池などの水深が深くて大きな池沼には、ギンヤンマ（写真29）やウチワヤンマ、オオヤマトンボなどがなわばりを巡回する姿が目立つ。

周囲を樹林に囲まれた池沼は、日差しが遮られて薄暗いため水生植物は少ないが、水底には枯れ葉などの堆積物が多い。このような環境には、オオアオイトトンボやモノサシトンボ、タカネトンボ、コシアキトンボ、リスアカネ、マユタテアカネ、オオシオカラトンボ、クロスジギンヤンマ、ヤブヤン

マなどが見られる。

那須野が原扇状地には、かつては丘陵の麓に沼や湿地があったが、現在は農地や住宅地に開発されて多くが失われてしまった。一方で、公園や神社、ゴルフ場、調整池、水辺ビオトープなど、人工的につくられた池がある。那須野が原公園や烏ヶ森公園の池は、周囲が土で覆われて一部が湿地化しており、重要な繁殖場所となっている。また、コンクリートで覆われた西洋風の無機質な池には、シオカラトンボやショウジョウトンボなど、環境への適応性が高い一部の種が産卵に訪れる。

写真26　ショウジョウトンボ

写真28　羽田沼（大田原市）

写真27　チョウトンボ

写真29　ギンヤンマ

③丘陵地と扇状地の湿地

丘陵地間のくぼ地には、10aほどの低層湿原や2haほどの高層湿原など大小の湿地が存在する（写真30）。湿地内には複数の池塘（湿地にある池沼）があり、細流が流れている。ノハナショウブやヘラオモダカ、サギソウ、モウセンゴケ、ミミカキグサなどの湿生植物が生育し、貴重な植生を保っている。環境省の「日本の重要湿地500」では、那須地域から那須山麓湿地群と大田原市の湧水湿地の2件が選定されているが、近年は開発行為により失われた場所もあり、危機的な状況にある。

写真30　樹林に囲まれた湿地（那須町）

写真31　サラサヤンマ

これらの湿地には、アジアイトトンボやマイコアカネ、ハッチョウトンボなどが生息する。また、周囲に樹林があると、オツネントンボやヒメアカネ、サラサヤンマ（写真31）が見られる。サラサヤンマは丘陵地から山地の湿地林に生息する小型のヤンマ科で、メスは木々に覆われた細流の湿った土やコケの間などに産卵する。

また、最近は休耕田や耕作放棄地が湿地化した環境が各地で見られる。草丈が低く、日当たりの良いところでは、ハラビロトンボやアジアイトトンボなどが観察できる。しかし、植生の遷移が進むとやがてうっそうとした藪になり、生息しにくい環境になる。

④扇状地や丘陵地の水田

那須野が原扇状地の扇央部や扇端部には広大な田園地帯が広がっている。水田は、湿地や浅い池沼に代わる生息地として重要な役割を担っている。一方、春の田植えから秋の収穫前の期間しか水を張らないため、幼虫期の短いアキアカネやナツアカネ、ノシメトンボなど利用する種は限られている。現在では、稲作の近代化により、水田の排水性の向上や水路のコンクリート化、浸透移行性の育苗箱施用剤の使用が進み、トンボの発生や成長に適さない環境になりつつある。

4．季節的な消長

　これまで環境ごとにさまざまなトンボを紹介してきたが、成虫は一年を通して見られる訳ではなく、種類によって出現期が異なる。ここでは、筆者が高久丘陵にあるため池で行った定点調査を例に、季節による成虫の出現状況を紹介する。

　調査は、2017年6月〜12月と2018年3月〜5月に雑木林や草地、水田に囲まれたため池で行った。池の周囲にルートを設定し、目撃した成虫の種類と個体数を記録した。月の前半と後半にそれぞれ1回実施し、各月の平均値を出した（8月と12月は1回のみのため実数）。

　調査で確認されたトンボは10科39種6,231個体であった。月別の出現状況と多様度の推移を図2にまとめた。個体数は4月に急激に増加しピークとなり、5月と6〜10月はなだらかに推移し、11月に著しく減少した。4月に個体数が突出した要因はホソミオツネントンボの増加による影響が大きい。

　次に、中村（1994）をもとに、各月の種数と個体数の相対的な多様度（RI指数）を求めたところ、9月が最も高く、次いで7月、6月と続いた。多様度が高い要因は、6・7月は春季型の種数が多かったこと、9月は盛夏を乗り切った春季型と秋に成熟するトンボ科の種が重なったことが考えられる。一方、多様度が最も低かったのは12月で、確認されたのはオツネントンボの1種1個体のみであった。

　優占種の上位5種は、ホソミオツネ

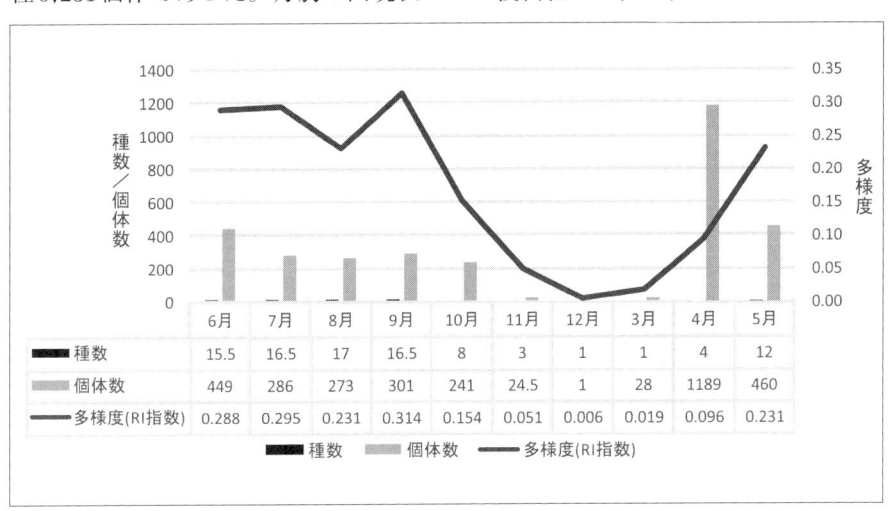

	6月	7月	8月	9月	10月	11月	12月	3月	4月	5月
種数	15.5	16.5	17	16.5	8	3	1	1	4	12
個体数	449	286	273	301	241	24.5	1	28	1189	460
多様度(RI指数)	0.288	0.295	0.231	0.314	0.154	0.051	0.006	0.019	0.096	0.231

図2　ため池におけるトンボの出現状況

ントンボ（44.7%）、モノサシトンボ（9.4%）、アキアカネ（9.1%）、クロイトトンボ（9.0%）、ショウジョウトンボ（3.5%）で、全個体数の75.7%を占めた。優占種5種の消長をみると（図3）、ホソミオツネントンボは4月に水辺に現れて繁殖活動を行い、夏季を過ぎると水辺から姿を消した。クロイトトンボは4月に、モノサシトンボとショウジョウトンボは5月に出現し、6月にピークを迎えその後減少した。アキアカネは7月に未熟個体がわずかに確認されたもののその後記録が途絶え、9月下旬から10月上旬にかけて急激に個体数が増加した。

今回確認されたトンボを一年のサイクルで大まかに見ると、始めに成虫で越冬するオツネントンボとホソミオツネントンボが現れる。4月になるとアジアイトトンボやクロイトトンボ、シオヤトンボ、コサナエなどが次々と羽化し、5月下旬には春季型のトンボがほぼ出そろう。7月に入ると春季型のトンボと入れ替わるように、チョウトンボやコオニヤンマ、ギンヤンマなどがピークを迎え、夏の顔ぶれになっていく。8月以降は成熟したトンボ科の種が大半を占めるようになり、11月下旬にはほとんどの種が姿を消し、オツネントンボのみが水辺に残る。

本章では、ため池の定点調査を例に成虫の消長を紹介したが、表1にこれまでの記録を整理して、那須地域のトンボ全種の出現状況を示したので参照いただきたい。

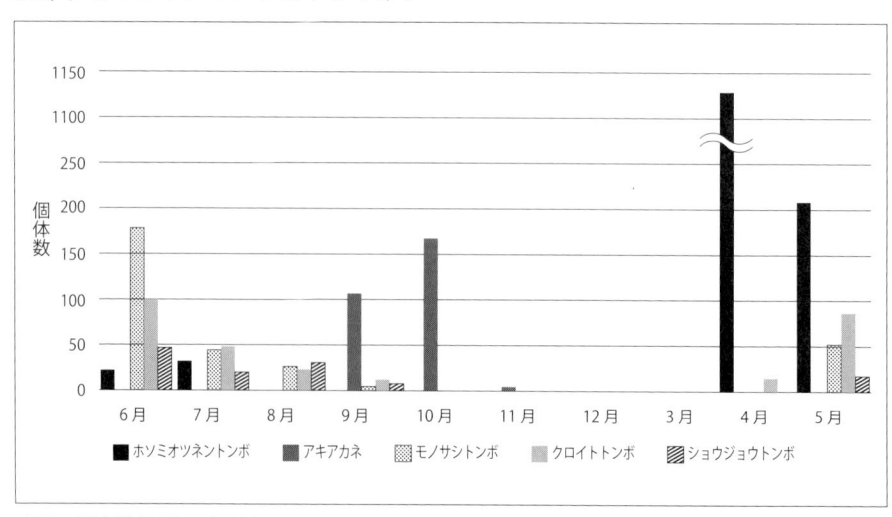

図3　優占種（5種）の出現状況

5．那須地域における研究とトンボ相

ここで、改めて那須地域におけるトンボに関するこれまでの研究を振り返ってみたい。

トンボは古くから研究の対象とされてきたものの、学術的な記録としてはそれほど多くない。渡辺喝山は1953年にまとめた『那須野の科學』において、1922年6月に金田村（現大田原市）大字乙連沢でハッチョウトンボ（オス）を初めて採集したと記述している。戦後になると、昆虫愛好会（現とちぎ昆虫愛好会）が発行する雑誌『インセクト』に、断片的な記録（例えば長須（1964）のアキアカネなど）が報告されるようになる。その後、地域のトンボ相を調査した記録として、加藤（1966）が那須野が原（旧大田原市近辺）においてルリイトトンボやグンバイトンボ、ベッコウトンボなどを含む11科61種を、角田（1972）が黒羽町（現大田原市）においてキイロサナエやオジロサナエなどを含む11科56種をそれぞれ報告している。また、公の機関や団体が実施した主な調査としては、黒磯市動植物実態調査研究会（1998）により黒磯市（現那須塩原市）において9科53種、栃木県立博物館（2002a）により那須御用邸において6科16種、那須塩原市動植物調査研究

会（2010）により那須塩原市西那須野地区・塩原地区において11科58種が報告されている。

トンボ研究家の加賀谷直明氏は、1977年から2000年にかけて、余笹川と那珂川に囲まれた地域（那須塩原市越堀・寺子、那須町沼野井・寺子乙）を中心に継続的な調査を行った。加賀谷氏の没後、2010年に遺族により那須野が原博物館へ標本を一括して寄贈いただいた。その総数は9,539点におよび、そのうち那須地域の採集標本は10科68種6,951点に達した（多和田，2013，2016）。加賀谷氏の採集記録はそれまで一部（田中，1983a．加賀谷，1986）を除いて公表される機会はほとんどなかったが、コレクションにはベニイトトンボやハネビロトンボなど那須地域で初記録となる貴重な標本が多く含まれていた。なお、標本のデータは、サイエンスミュージアムネット（URL　http://science-net.kahaku.go.jp/）で公表しているので、興味のある方は参照いただきたい。

これらの文献や那須野が原博物館所蔵標本および筆者らの記録（2018年3月現在：未発表を含む）をまとめると、那須地域のトンボ目は12科83種となる（表1）。一方、これまでに確認されている栃木県のトンボ目は12科

99種（栃木県自然環境調査研究会昆虫部会編，2003．西田・二橋，2017）となっている。したがって、那須地域には県内で確認された種の約84％が分布しており、多様なトンボ相が維持されていることが分かる。

栃木県に分布する種のうち、那須地域で確認されていない種は、渡良瀬遊水地をはじめ県南部にのみ分布するオオモノサシトンボやムスジイトトンボ、アオモンイトトンボ、ネアカヨシヤンマ、ナゴヤサナエなど温暖な地域を好む種のほか、カラカネトンボやオオトラフトンボ、ホソミモリトンボ、カオジロトンボ、ムツアカネなど奥鬼怒を中心とした県西部の高標高地に局所的に分布する種などが挙げられる。

那須地域のトンボ相を概観すると、環境への適応性が高く、全国的に広い分布域をもつ種が大半を占めている。

暖地性の種としては、アサヒナカワトンボ、マルタンヤンマ、オグマサナエ、ネキトンボなどが挙げられる。アサヒナカワトンボは、西田・二橋（2017）によって栃木県で初めて確認された種で、これまで内陸部では群馬県が分布の東限とされていたが、那須地域にも分布することが判明し、注目されている。オグマサナエは、石川県、長野県、愛知県以西に分布し（尾

園ほか，2012）、県内では大田原市福原（加藤，1966）で唯一記録されているが、その後は確認されていない。

寒冷地を好む種としては、前述のエゾイトトンボ、オゼイトトンボ、ルリボシヤンマ、オオルリボシヤンマのほか、ルリイトトンボ、マダラヤンマ、ヨツボシトンボなどが挙げられる。このうち、ルリイトトンボは大田原市（加藤，1966）で1例のみ確認されているが、杉村（1999）によると本州では比較的標高の高い寒冷地に限定されるため、今後検討が必要である。

移動性の高い種として、オオギンヤンマ、ハネビロトンボが記録されている。どちらも本来は熱帯から亜熱帯地域に分布する種で、恐らく台風などの影響で那須地域に飛来した際に偶発的に発見されたと考えられる。

局所的に分布する種としては、コバネアオイトトンボ、アオハダトンボ、グンバイトンボ、ベニイトトンボ、マダラヤンマ、ヒメサナエ、ホンサナエ、トラフトンボ、ハネビロエゾトンボ、ベッコウトンボなどが挙げられる。これらは那須地域における確認地点が非常に限られており、すでに絶滅もしくは絶滅の危機に瀕している。なお、絶滅の恐れのある種とその現状については、7章で紹介する。

6. 那須地域の赤とんぼ

ここで、那須地域のトンボの中から一般になじみの深い「赤とんぼ」を紹介しよう。「赤とんぼ」は特定の種を指す名前ではなく、アカネ属に含まれるトンボの総称である。ちなみに、ショウジョウトンボやハッチョウトンボも全身が真っ赤に色づくが、アカネ属とは異なるグループに含まれる。

アカネ属のトンボは日本に21種生息する。那須地域ではこれまでに、ミヤマアカネ、ナツアカネ、アキアカネ、マユタテアカネ、マイコアカネ、ヒメアカネ、リスアカネ、ノシメトンボ、コノシメトンボ、ネキトンボ、キトンボの計11種が記録されている。本書の口絵に全種の生態写真を載せたので参考にしてほしい。どれも似たように見えるが、胸や翅の模様などで判別することができる。

この中で最もポピュラーなのはアキアカネ（写真32）だろう。アキアカネは、春、水田に水を張ると一斉に孵化し、6月下旬から羽化が始まる。夏が近づくと那須や高原、八溝などの山地に移動する。9月中旬になると、成熟した個体が繁殖のために平地に降りてくる。メスは交尾を終えると稲刈りをした水田の水たまりなどに産卵する。

過去にアキアカネの移動に関する調査が栃木県内で行われている。宇都宮大学の田中正教授は1983年と1984年の2回にわたり、アキアカネのマーキング調査を実施した（田中，1983b．1985）。調査は夏季に奥日光・白根山・茶臼岳・八溝山の標高1000〜2300mの山地でアキアカネを捕獲し、翅に油性のマジックでマークをつけて放し、マーキングしたアキアカネを見つけたら連絡してもらうように学校や報道機関を通して市民に呼びかけた。2回の調査を合わせた結果は、マーキングした9,104個体のうち、25個体が再発見された。移動距離が最も長かったのは白根山から茂木町町田の76km。最大の標高差は白根山から日光市小来川の2000mであった。

なお、1984年の調査では、茶臼岳牛ヶ首でマーキングした個体を那須御用邸で御静養中の昭和天皇が発見されたという記事が新聞で報道され話題になった。

写真32　アキアカネ

7. 絶滅の恐れのあるトンボ

トンボを取り巻く環境は大きく変化している。長谷川（2008）は、栃木県における水辺の生物の減少の要因として、高度経済成長期後期の1970年代の開発や河川改修、農薬散布、農地の区画整理事業などの影響が大きかったと指摘している。さらに、近年はオオクチバスやウシガエルなどの侵略的外来種による捕食や、降水量の減少による湿地の乾燥化などが追い打ちをかけ、より深刻な状況となっている。

こうした背景をもとに、環境省（2015）や自治体では絶滅の恐れのある野生動植物をリストアップし、その生物の生態や分布、影響を与えている要因などの情報をまとめたレッドデータブックを発行している。那須地域を含むエリアでは、2017年に那須塩原市が那須塩原市レッドデータブック2017を、翌年に栃木県が改訂版のレッドデータブックとちぎ2018を相次いで発行している。

レッドデータブックとちぎ2018では、那須地域で確認された85種のうちおよそ4割にあたる32種がリストアップされており、多くの種が危機的な状況に置かれていることが分かる。例えば、ベッコウトンボ（写真33）は、かつては県内の平地に分布してお

り大田原市藤沢でも2例（田中編，1969）記録されているが、1968年を最後に50年間確認されていないことから、絶滅に選定されている。

また、最も絶滅の恐れが高いとされる絶滅危惧Ⅰ類には、グンバイトンボとベニイトトンボの2種が選定されている。両種はともに西日本を中心に分布する暖地性の種で、那須地域は分布の北限に近い生息地として重要といえるが、グンバイトンボは1960年代に大田原市（加藤，1966）で、ベニイトトンボは1992年に那須町（多和田，2016）でそれぞれ1例確認されただけで、現在の生息状況は分かっていない。

その他、絶滅危惧Ⅱ類に6種、準絶滅危惧に15種、要注目に7種が選定されている。しかし、どの種も現在の生息状況を判断するための情報が乏しい。もしこれらの種を発見されたら那須野が原博物館などの機関に連絡いただければ幸いである。

写真33　ベッコウトンボ
（静岡県産．那須野が原博物館蔵）

8. おわりに

　最後に那須地域の化石の記録を紹介したい。今から約30万年前の第四紀更新世、塩原温泉の中心街には、東西5km、南北3kmのカルデラ湖があった。そこに堆積した塩原湖成層からは、極めて保存状態の良い化石が産出する（とちぎの化石図鑑編集委員会編，2014，相場，2015）。尾上（1989）は1万点以上の植物化石を検討した結果、当時の気候は現在と同じかやや暖かかったと推定している。

　この地層からは昆虫の化石も多く発見されており、コヤマトンボの幼虫と前翅（写真35）、コオニヤンマの幼虫（写真36）が発見されている。両種とも、樹林に囲まれた河川や池沼に生息する種で、現在も那須地域に広く分布している。

　これらの種が那須地域で今後も生き続けていくために私たちはどう行動すべきか、この化石が問いかけているように思えてならない。

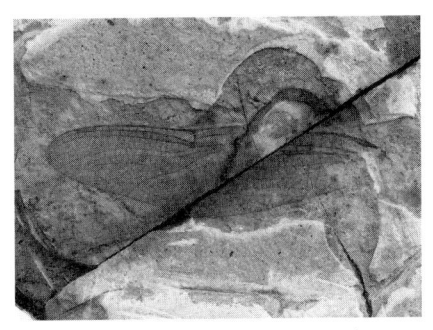

写真34　コヤマトンボ（木の葉化石園蔵）

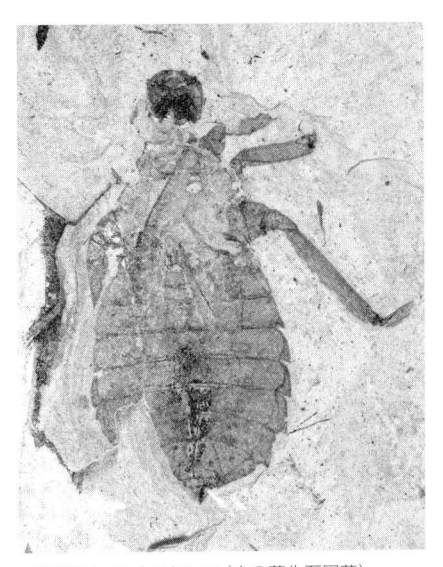

写真35　コオニヤンマ（木の葉化石園蔵）

表1 那須地域で確認されたトンボと成虫の出現期

和名[1]	栃木県レッドリスト[2]	那須塩原市	大田原市	那須町	1月 上	1月 中	1月 下	2月 上	2月 中	2月 下	3月 上	3月 中
アオイトトンボ科 5種												
オツネントンボ		○	○	○		■				■		
ホソミオツネントンボ		○	○	○								
アオイトトンボ		○	○	○								
オオアオイトトンボ		○	○	○								
コバネアオイトトンボ	Ⅱ類	○	○	○								
カワトンボ科 5種												
ニホンカワトンボ		○	○	○								
アサヒナカワトンボ		○										
アオハダトンボ	要注目	○	○	○								
ミヤマカワトンボ		○	○	○								
ハグロトンボ		○	○	○								
モノサシトンボ科 2種												
グンバイトンボ	Ⅰ類		○									
モノサシトンボ		○	○	○								
イトトンボ科 10種												
キイトトンボ		○	○	○								
ベニイトトンボ	Ⅰ類			○								
エゾイトトンボ	準	○										
オゼイトトンボ	要注目	○	○	○								
クロイトトンボ		○	○	○								
セスジイトトンボ			○									
オオイトトンボ		○	○	○								
モートンイトトンボ	要注目	○	○	○								
ルリイトトンボ	絶滅		○									
アジアイトトンボ		○	○	○								
ムカシトンボ科 1種												
ムカシトンボ	準	○	○	○								
ヤンマ科 12種												
サラサヤンマ	準	○	○	○								
コシボソヤンマ	準	○	○	○								
ミルンヤンマ		○	○	○								
カトリヤンマ	Ⅱ類	○	○	○								
マルタンヤンマ	Ⅱ類	○										
ヤブヤンマ	Ⅱ類	○		○								
マダラヤンマ	準	○	○	○								
オオルリボシヤンマ		○	○	○								
ルリボシヤンマ		○	○	○								
ギンヤンマ		○	○	○								
クロスジギンヤンマ		○	○	○								
オオギンヤンマ		○										
サナエトンボ科 16種												
ウチワヤンマ		○	○	○								
コオニヤンマ		○	○	○								
オナガサナエ		○	○	○								
アオサナエ	準		○	○								
クロサナエ		○	○	○								
ダビドサナエ		○	○	○								
モイワサナエ	準	○	○	○								
ヒメクロサナエ		○	○	○								

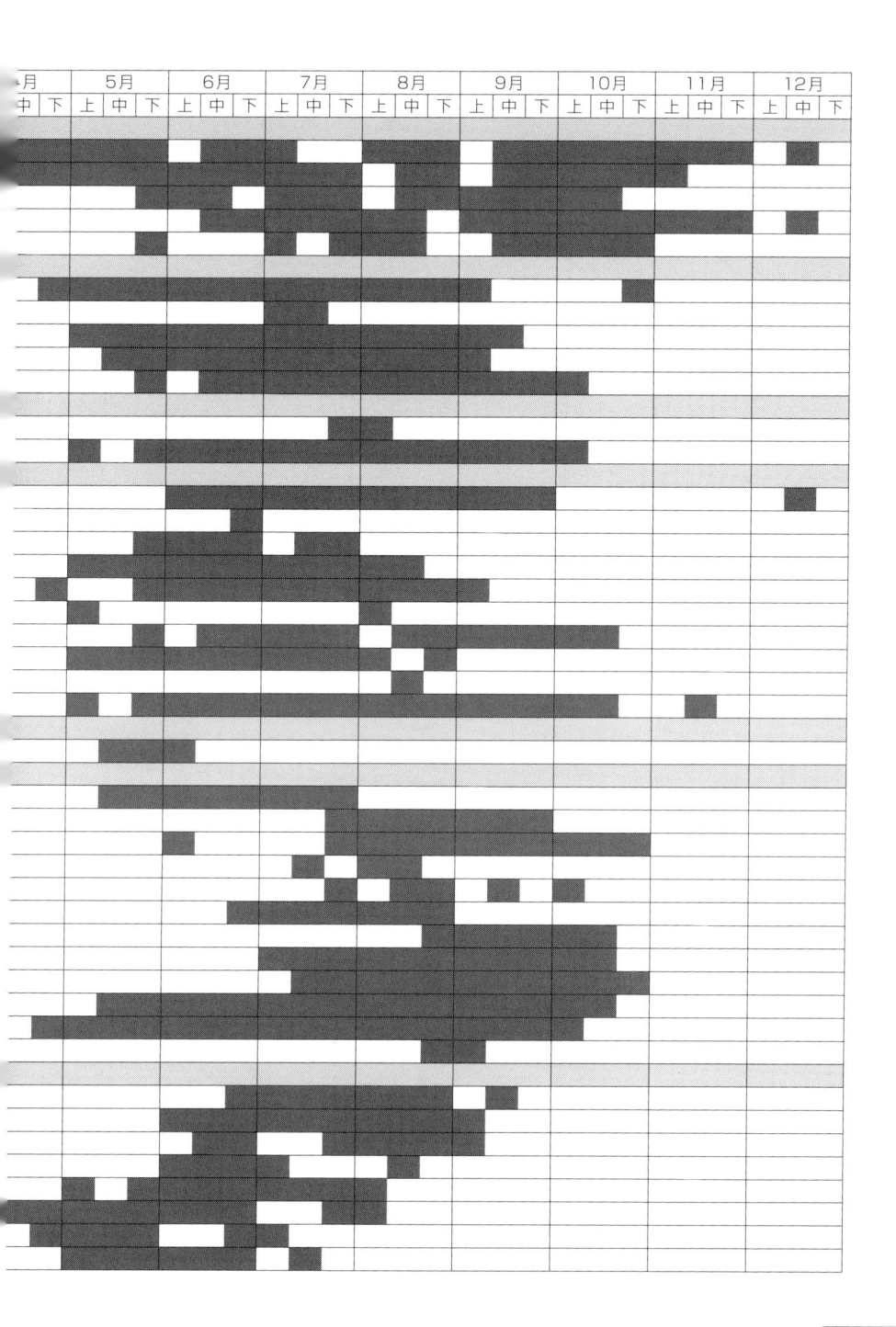

表1 那須地域で確認されたトンボと成虫の出現期（続き）

和名[1]	栃木県レッドリスト[2]	那須塩原市	大田原市	那須町	1月 上	1月 中	1月 下	2月 上	2月 中	2月 下	3月 上	3月 中
ヒメサナエ	準		○									
オジロサナエ			○	○								
オグマサナエ			○									
コサナエ		○	○	○								
ミヤマサナエ		○	○									
ホンサナエ	要注目	○	○									
キイロサナエ	準		○									
ヤマサナエ		○	○	○								
ムカシヤンマ科　1種												
ムカシヤンマ	準	○	○									
オニヤンマ科　1種												
オニヤンマ		○	○	○								
エゾトンボ科　4種												
トラフトンボ	Ⅱ類	○	○	○								
タカネトンボ		○	○	○								
エゾトンボ	準	○	○	○								
ハネビロエゾトンボ	準	○	○	○								
ヤマトンボ科　2種												
オオヤマトンボ		○	○	○								
コヤマトンボ		○	○	○								
トンボ科　24種												
チョウトンボ	要注目	○	○									
ナツアカネ		○	○	○								
リスアカネ		○	○	○								
ノシメトンボ		○	○	○								
アキアカネ		○	○	○								
コノシメトンボ		○										
ヒメアカネ	準	○	○	○								
マユタテアカネ		○	○	○								
マイコアカネ	準	○	○									
ミヤマアカネ		○	○	○								
ネキトンボ	要注目	○	○	○								
キトンボ	Ⅱ類	○	○	○								
ハネビロトンボ		○		○								
コシアキトンボ		○	○	○								
コフキトンボ		○	○	○								
ハッチョウトンボ	要注目	○	○	○								
ショウジョウトンボ		○	○	○								
ウスバキトンボ		○	○	○								
ハラビロトンボ		○	○	○								
シオカラトンボ		○	○	○								
シオヤトンボ		○	○	○								
オオシオカラトンボ		○	○	○								
ヨツボシトンボ	準	○	○	○								
ベッコウトンボ	絶滅		○									
合計　12科83種		73種	76種	68種								

＊1）種および科の配列は尾園ほか（2012）に従った
＊2）栃木県レッドリストの略号は、絶滅危惧Ⅰ類：Ⅰ類、絶滅危惧Ⅱ類：Ⅱ類、準絶滅危惧：準と表記した
＊3）成虫の出現期は、確認日を各月の上旬・中旬・下旬に区分して表示した

4月		5月			6月			7月			8月			9月			10月			11月			12月		
中	下	上	中	下	上	中	下	上	中	下	上	中	下	上	中	下	上	中	下	上	中	下	上	中	下

引用文献

相場博明. 2015. 塩原木の葉石ガイドブック 実習・同定の手引きと植物・昆虫化石図鑑. 丸善プラネット, 東京. 106 pp.

長谷川順一. 2008. 栃木県の自然の変貌 自然の保全はこれでよいのか. 自費出版, 宇都宮. 181 pp.

稲泉三丸. 1969. 自然保護と天然記念物—山の木を切らないで下さい—. インセクト 20 (2): 20-25.*

加賀谷直明. 1986. 栃木県黒磯市寺子杉渡戸並びに近隣地域におけるオオルリボシヤンマの没姿期について. 昆虫と自然 21 (11): 25.*

環境省自然環境局野生生物課希少種保全推進室編. 2015. レッドデータブック2014 —日本の絶滅のおそれのある野生生物— 5 昆虫類. ぎょうせい, 東京. 509 pp.

加藤仁. 1966. 那須野が原のトンボ目とその生態. インセクト 16 (2・3):1-6.*

加藤仁. 1992. 栃木県内におけるムカシトンボの生息地. インセクト 43 (2): 68-69.*

小林教太. 2009. 如来沢の水生昆虫—カゲロウ目・トンボ目・カワゲラ目・ヘビトンボ目・トビケラ目について—. インセクト 60 (1): 55-64.*

小林教太. 2014. ムカシトンボ(幼虫の記録). インセクト 65 (1): 104.*

黒磯市動植物実態調査研究会編. 1998. 黒磯市動植物実態調査報告書. 黒磯市動植物実態調査研究会, 黒磯. 427 pp.*

松村雄. 1983. アキアカネの"渡り"目撃. インセクト 34 (2): 90.*

松村雄. 1984. アキアカネの"渡り"目撃, その2. インセクト 35 (2): 62.*

松村雄. 2011. アキアカネのお里帰りの再目撃. インセクト 62 (2): 118.*

宮本龍夫. 1996. ヤブヤンマ採集の記録. インセクト 47 (1): 42.*

長須房次郎. 1964. 塩原で採集したアキアカネについて. インセクト 14 (2): 9.

中村寛志. 1994. RI指数による環境評価 (1) RI指数の性質と分布. 瀬戸内短期大学紀要 24: 37-41.

中山恒雄. 2008. レッドデータブックとちぎの掲載種情報について. インセクト 59 (1): 9-10.*

中山恒友. 2014. 那須塩原市でムカシトンボ成虫を確認. インセクト 65 (2): 197.*

那須塩原市動植物調査研究会編. 2010. 那須塩原市動植物実態調査報告書 (西那須野・塩原地区). 那須塩原市動植物調査研究会 (那須塩原市), 那須塩原. 520 pp.*

那須塩原市動植物調査研究会・那須塩原市生活環境部環境管理課編. 2017. 那須塩原市レッドデータブック2017. 那須塩原市, 那須塩原. 352 pp.

西田彰・二橋亮. 2017. 栃木県からアサヒナカワトンボを発見. Aeschna 53:55-57.*

尾上亨. 1989. 栃木県塩原産更新世植物群による古環境解析. 地質調査所報告 269: 1-207.

大島健一. 1991. ネキトンボを大田原で採集. インセクト 42 (2): 81.*

尾園暁・川島逸郎・二橋亮. 2012. ネイチャーガイド 日本のトンボ. 文一総合出版, 東京. 531 pp.

佐藤光一. 1996. モイワサナエとマダラヤンマの記録. インセクト 47 (2): 90.*

塩山房男. 1975. ムカシトンボの新産地. インセクト 26 (2): 34.*

杉村光俊・石田昇三・小島圭三・石田勝義・青木典司. 1999. 原色日本トンボ幼虫・成虫大図鑑. 北海道大学図書刊行会, 札幌. 917 pp.

田中正編. 1969. 栃木県のトンボ (インセクト第20巻第1号). 昆虫愛好会, 宇都宮. 150pp.*

田中正. 1983a. 栃木県黒磯市産のトンボ. インセクト 34 (2): 90.*

田中正. 1983b. アキアカネの秋の移動. インセクト 34 (2): 41-49.

田中正. 1985. アキアカネの移動 (1984年). インセクト 36 (1): 1-9.

多和田潤治. 2013. 加賀谷直明トンボコレクションの概要―那須塩原市分布記録を中心に―. 那須野が原博物館紀要9: 11-20.*

多和田潤治. 2016. 加賀谷直明トンボコレクション那須町産標本目録. 那須野が原博物館紀要12: 7-30.*

多和田潤治. 2017. 栃木県版レッドリスト (第3次／2017改訂版) トンボ目の追加記録. インセクト68 (2): 182-183.*

栃木県環境森林部自然環境課・栃木県立博物館編. 2018. レッドデータブックとちぎ2018. 栃木県, 宇都宮. 990pp.

栃木県立博物館. 2002a. 栃木県立博物館研究報告書 那須御用邸の動植物相. 栃木県立博物館, 宇都宮. 463pp.*

栃木県立博物館. 2002b. 栃木県立博物館自然部門収蔵資料目録 (6) 昆虫 (Ⅲ) 蜻蛉 (トンボ) 目. 栃木県立博物館, 宇都宮. 110pp.*

栃木県自然環境調査研究会昆虫部会編. 2003. とちぎの昆虫Ⅰ. 栃木県林務部自然環境課, 宇都宮. 735pp.*

とちぎの化石図鑑編集委員会編. 2014. とちぎの化石図鑑. 随想舎, 宇都宮. 224pp.

角田利二. 1970. トンボ2種の採集記録. インセクト21 (1): 34.*

角田利二. 1972. 黒羽町周辺のトンボ. インセクト23 (1): 1-6.*

渡辺喝山. 1953. 那須野の科學. 紫塚同窓

会, 大田原. 426pp.*

表1に引用した文献は、末尾に (*) を付した。

小泉斐と田谷芝斎

新発見の小泉斐「縮図帖」と斐の高弟・田谷芝斎の画業

本田 諭

はじめに

那須地域のみならず、下野を代表する画人としてまず名が上がるのは、おそらく小泉斐（1770～1854）ではないだろうか。明治32年（1899）には黒羽の地で没後45周年を記念して回顧展が開かれており、以来地元を中心に顕彰されてきた。

しかし残念ながら一般には鮎図の作家というイメージが強く、また美術史研究者の間でも著名とは言い難い存在であった。だが近年の研究の進捗により、谷文晁や桑山玉洲、富岡鉄斎らにも影響を与えていたことなどが判明し、さらに平成17年（2005）に栃木県立美術館と滋賀県立近代美術館で開催された「小泉斐と高田敬輔」展を契機に、飛躍的に知名度が上がったことは記憶に新しい。

とはいえ斐研究はまだ途上であり、今後も様々な角度からの研究が必要なことは間違いない。筆者はこの度、新出の斐自筆の「縮図帖」〈図1〉を目にする機会を得た。斐による自作の縮図類

図1 「縮図帖」1オ（表紙）

は、いうまでもなく作家と作品研究にとって極めて重要であり、さらに縮図中には斐の重要作品に関わる記載も確認された。

またこれとは別に、斐の高弟でありながらも、これまでほとんど作例が知られることがなかった田谷芝斎の作品を、幸いにも複数確認することができ

た。いずれも注目すべき作品であり、また評価すべき作家であるため、この場を借りて紹介したい。

1. 新発見の小泉斐「縮図帖」(個人蔵)

(1) 文政期再建黒羽城本丸御寝所と小泉斐

　小泉斐は神職木村市正の子として黒羽藩領の益子に生まれ、のち那須温泉神社(旧黒羽町)の小泉光秀の養子となり神官職を継いだ。さらに50歳の時、当時の藩主大関増業(1781〜1845)に迎えられて鎮国社の宮司を務める一方、藩のお抱え絵師としても活躍した。

　藩主増業とは学芸面での深い交流があったことが分かっており、それを示す増業による斐宛書簡も多数残されている。

　斐は増業隠居後に跡を継いだ第12代藩主増儀(1811〜66)にも重用され、多くの書簡のほか、斐の絵に増儀が賛詩を記した作品も多数確認されている。この斐の画系は、京狩野を源流とする高田敬輔に連なるが、その画風は流派の域を超えており、まさに斐様式というべき独特の絵画世界を構築している。

　斐の生涯と画業については、本誌前号において、橋本慎司氏により既に論じられているため、ここでの詳述は避

けるが、筆者は今年(平成30年)に入り、幸運にも小泉斐自身による文政11年(1828)の「縮図帖」の存在を確認し、調査の機会を得ることができた。

　画人自身による一次史料には様々なものがある。一つはいわゆる日記類で、文筆を生業とする作家の類とは異なり、当然ではあるが絵入りであることが多い。渡辺崋山による旅行記である「全楽堂日録」(個人蔵、愛知県指定文化財)は日記部分の文章の合間に、訪れた地の風景画や古物などが描かれている。また河鍋暁斎による「暁斎絵日記」(河鍋暁斎記念美術館)は、主に日常や旅行先などの風景が描き連ねられ、その中に説明書きがされる形で構成されている。

　これとは別に、備忘録の類も多くのこされている。これは旅先で見た風景や古画・古物などを簡便なタッチで描いた、いわばスケッチ帳ともいえるもので、これらスケッチをもとに再構成し作品として完成させる例もままみられる。椿椿山による「日光真景画巻」(現所在不明)は、紀行スケッチをもとに小下絵及び大下絵が描かれ、そのうえで本絵が製作されたことが判明している。またこれら備忘録中には、古画学習だけでなく、同時代の画人の作品を模写した例も多数見受けられるた

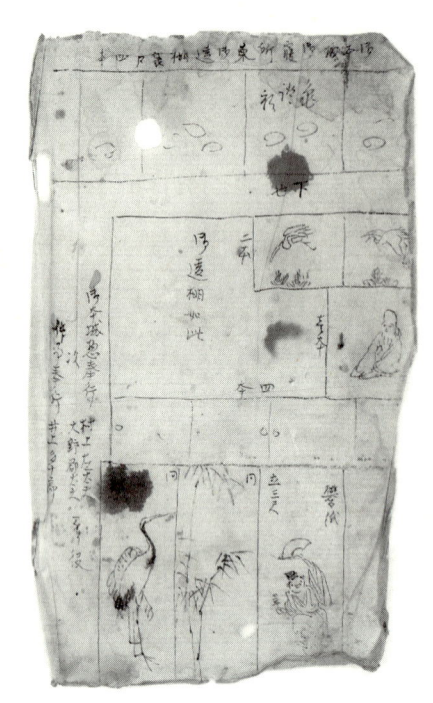

図2 「縮図帖」別紙半丁

め、それらの画人を研究する上でも重要な役割を果たしている。

　今回出現した小泉斐の「縮図帖」はこれらとは異なり、自身が製作した作品の簡略な縮図を描いた手控帖であり、すなわちカタログ・レゾネ（総作品目録）的な役割を果たすものである。斐による縮図帖はこれまで天保3年（1832）のもの（個人蔵）しか紹介されておらず、別に個人が所蔵する天保期の一群（筆者未調査）が存在するものの未だ紹介されていない。従って内容の詳細が紹介されるのは、本帖でわず

か2例目となる。

　本帖は紙本に描いた自筆の縮図帖で、右端の上下2カ所を紙紐で綴じた大和綴じの冊子である。表紙・裏表紙ともに存在せずいきなり本紙からはじまり、題記や題簽も見られない。従って本稿でいう「縮図帖」の名称も仮のものである。

　法量は19.4×12.8cmだが、10丁から45丁（巻末）は縦がやや短く、19.0cmとなる。全45丁だが、いずこかから分離したとみられる半丁〈図2〉が間に挟み込まれているため、総計では45丁半となる。1オ（「一丁オモテ」をさす。同様に、「2丁ウラ」は「2ウ」と表記する）に「檀山」朱文長方印が捺されるのをはじめ、本帖には多数の斐の印章が捺されている。また多くの縮図には、画中に入れた落款や為書き、さらには寸法などが記されているが、それとともに「大田原柳町油屋行」〈図1〉などといった、注文主に関する事項が書き入れられたものも多く、作品の伝来を考える上でも貴重な情報となっている。

　図中などに記された年紀のうち最も早いものは文政11年7月、最も下るものが翌年2月であり、文政11年半ば頃から翌年2月頃にかけての約8～9カ月間分の手控帖と判断される。各

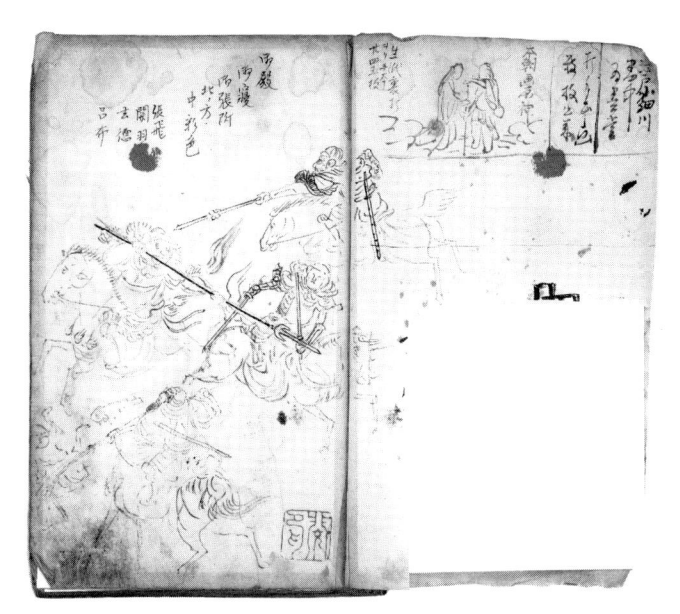

図3 「縮図帖」1ウ・2オ

記載形式も近似しており、また製作年代の懸隔もわずか4年しかないため、同種のものとみてよいと思われる。

本帖の内容を見ると、特徴的なのは「御殿御寝所」の「御張附」の縮図が多数収められている点である。これらを列挙すると、

・「御殿／御寝／御張附／北ノ方」「張飛／関羽／玄徳／呂布」（1ウ・2オ）〈図3〉

・「御殿／御寝所／西ノ方／御張付」「山水／彩色」（2ウ）

・「御殿／御寝所御袋戸」「此七枚御殿表御寝所／御違棚袋戸画也」（4ウ）〈図4〉

・「御寝所／御張附」（5ウ・6オ）〈巻頭図1〉

・「御本城御寝所東御違棚袋戸四本」「二本」「壱本」（別紙半丁）〈図2〉

となり、別紙の半丁を除くと本帖の巻頭に集中していることが分かる。つまり、これにより

①文政11年頃に大関氏の本拠である

縮図の並び順を見ると、1～2カ月程度の年紀の前後はあるが、おおよそ製作月日順に並んでおり、現状の装丁は製作当時のままである可能性が高い。

前述のように、斐による縮図帖は天保3年本がすでに紹介されている。平成6年（1994）に没後140年を記念して黒羽芭蕉の館（大田原市）で開催された「黒羽が誇る小泉斐回顧展」の展示図録『檀山人　小泉斐』に白黒図版が6枚紹介されているが、同図録によるとその法量は19.0×12.0であり、本帖と近い。この天保3年本は筆者未調査のため確たることはいえないが、図版から判断する限り両者は法量だけでなく

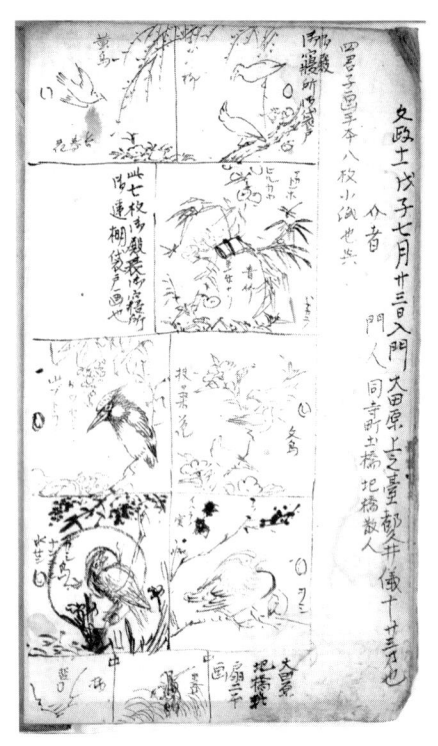

図4　「縮図帖」4ウ

黒羽城御寝所の障壁画類が製作され、遅くとも同年半ば頃までには完成していたこと

②担当絵師として小泉斐が製作に当たったこと

が判明する。現状では別紙の半丁は分離しているが、同一の作事においてその製作時期に大きなずれが生じることは通常考え難い。また綴穴の位置からも、もとの法量は1丁から9丁と同様と考えられ、さらに染みの位置も本帖巻頭部分と一致するため、いつしか巻

頭部分から分離したものとみるべきだろう。なおこの半丁には別に「御本城惣奉行　村上左太夫／次　大野郡太夫／作事奉行　井上多十郎」との書入れがあり、この工事を担当した奉行の名が判明する点も貴重である。

黒羽城は、文政5年（1822）10月に本丸をほぼ全焼しており、その再建とするにしては時間が空きすぎているが、焼失当時の藩主は藩政改革を行い厳しい倹約を行った増業であり、すぐに再建にとりかかったとしてもおそらく豪華なものではなかったであろう。この火災時に在藩中だった増業は、その事後処理を巡り家中から批判を受け、さらに過去の「失政」をも咎められ、翌文政6年に隠退を受け入れることとなる。その翌年の文政7年に、果次郎（増儀）が13歳で家督を継ぐが、増儀が初めて黒羽城に入ったのは文政11年6月のことであった（東京大学史料編纂所蔵『大関家譜（抄）』）。斐による御殿御寝所障壁画の製作は、この増儀入城のためと考えるのが最も合理的であり、したがって、これら障壁画はこの年6月までには完成していたものとみられる。

ここで選ばれた画題は、三種の壁貼付絵についてはいずれも三国志演義などの中国主題で、また二種の袋戸につ

いては花鳥図主体としており、意識的に描き分けている点も興味深い。黒羽城内部の詳細が分かる絵画資料は他に例がなく、極めて貴重な記録といえよう。

なお、これら障壁画はどうやら増儀の御意を得たらしく、斐は8月5日から3日連続で御前での作画を命じられており（6ウ・7オ）、また年末の「忘年之祝」などで、御前で席画（即興で描く絵）を披露している（34ウ）。はじめに記したとおり、増儀は斐を重用したことが知られているが、この黒羽城障壁画製作こそが、以後長きにわたって続く両者の交流のきっかけであったのかもしれない。

(2) 新出の板絵額「孔明論将図額」

文政期再建黒羽城本丸御殿において、御寝所以外の障壁画にも斐が関与したかは不明だが、少なくともこの年の御寝所内障壁画製作に関しては、全て斐が担当したものと考えられる。その傍証となるのが、下部に「論将之文」と記された、諸葛孔明らとみられる中国故事人物図の縮図（25オ）〈図5〉である。この作品は、書入れによると「梛ノ厚板」に描かれた板絵で、縮図上方には「御寝所」「御額御好被仰附」とあり、左方には10月28日より11月5日までとの製作期間も記されている。増儀が入城してから4カ月経過してもなお御寝所の御用を任じられていた以上、斐が全てを任されていたとみるのが自然だろう。

本縮図の画題は不明だが、左上方の枠外には武将とみられる左方の人物が開く巻子中の文言の一部「日将謂所五材者」が記されており、一部に誤記があるものの、周の呂尚（りょしょう）（太公望）が著した『六韜』の論将篇（りくとう）（第19）の「太公日所謂五材者」とほぼ一致するため、下部の「論将之文」の記載通り『六韜』に関わる何らかの中国故事を描いたものであることは間違いない。

幸いにも、この作品は近年その存在が確認され（個人蔵）〈巻頭図2、図6〉、平成28年に調査の機会を得ることができた。出現した本絵はまさに縮図そのままの作品であり、また「小臣／小泉斐謹絵」という款記は、斐が藩主の命を受けて描いた作品であることを如実に物語っている。想像を逞しくすれば、文政11年6月に初めて黒羽城に入り、御寝所内を飾る障壁画群を気に入った増儀が、その作者である斐に命を下し描かせた、ということなのかもしれない。

板絵額裏面の墨書銘には「文政丑年四月日斐写之／同年八月仕上リ之」と

図5　「縮図帖」25オ（部分）

図6　「孔明論将図額」

あり、縮図に記される製作期間と一致しないが、この記載はおそらく下図の製作にかかった期間と見られる。同一のものを翌年もう一点製作した可能性は皆無ではないが、先行作にかかった期間が一週間で、二作目が4カ月というのは不合理である。また本帖中の縮図のほとんどには落款も書き入れられているのに対し、この縮図には記されない点も、下図の縮図であるためとすれば納得できる。おそらくこの下図は、主君であり発注主である増儀に「御好」の伺いをたてるために描いたものとみられる。縮図上部の「御好被仰附（お好みを仰せつけられ）」との記載は、まさに増儀に伺いをたてたからこその文言なのだろう。増儀は中国画題がことのほか好みであったらしく、天保3年本には「御用画」として、張飛と張郃（ちょうこう）による瓦口関（がこうかん）の戦いという、三国志演義における名場面が描かれている。

なお、この板絵縮図にはほかにも重要な記載が存在する。左方に記された「油彩色」「地ベル藍」、そして着衣部分に複数記された「ベル」である。

このうち「油彩色」は、文字通り油を顔料の媒剤として使用し、この絵具を用いて作画したことを示している。板絵額の顔料の発色や厚板への絵具のの

り具合を考えると、この記述は頷ける。事実、絵具の残存状況が良好な部分を拡大すると、油絵ならではの光沢やツヤが確認できる。

このような、油（主として荏胡麻油（えごま）を媒剤とする絵具については当時すでに知られており、実際に使用した画人としては司馬江漢（しばこうかん）（1747〜1818）がよく知られている。江漢は自身の油彩画を「蠟画」と呼び、その作品が江戸の諸寺院に飾られると大評判となり、本朝洋画の祖として名をなした。ほかにも亜欧堂田善（あおうどうでんぜん）（1748〜1822）などが油絵を描いているが、いわゆる洋風画の画人以外では油絵具の使用例はほとんど確認されていない。

「ベル藍」「ベル」については、いわゆるベロ藍を指すものとみられる。ベロ藍は紺青という顔料で、ベルリン藍またプルシアンブルーなどとも呼ばれ、日本ではこのベルリン藍が変化してベロ藍と呼ばれた。1704年にベルリンで偶然発見された人工顔料で、日本では伊藤若冲（いとうじゃくちゅう）（1716〜1800）が描いた「動植綵絵（どうしょくさいえ）」のうちの一図が最初期の使用例とされる。

当時はきわめて高価な顔料であったが、文政9年（1826）頃より中国・清から大量の余剰在庫が流入したため価格が下落し、急速に広まったとされて

いる。また葛飾北斎（かつしかほくさい）（1760〜1849）の「富嶽三十六景」に用いられたことでも広く知られる。

　つまり斐は、この板絵額の製作において、当時最先端の絵具である「ベロ藍」を用い、洋風画の画人たち以外はほとんど用いなかった「油絵」の技法で描いたことになる。ベロ藍の流通拡大時期や、斐の他作例に油絵具を用いたものが見受けられないことなどを考えると、これはかなり先進的かつ実験的な試みというべきだろう。この年の入城以前は、文化最先端の地である江戸住まいであった増儀の意向なのか、あるいはそれを慮った斐による提案であったのかは不明だが、現在も良好な状態で伝わっていることを考えると、増儀がその仕上がりに満足したであろうことは想像に難くない。

　なお、下図を11月に描きあげておきながら、実際の本絵制作に取り掛かったのが翌年4月というのは間が空きすぎているという向きもあろうが、梛材（なぎ）の厚板を十分に乾燥させて額に加工し、さらにベロ藍や油絵具のための画材をそろえるなどの下準備には、通常よりはるかに時間を必要とした可能性が高く、あえてこの点に疑念をいだく必要はなかろう。

　また、実際の製作にはさらに4カ月

もの時間がかかっているが、これは最新の顔料であるベロ藍を、慣れぬ油絵具という形で用いる困難さゆえであったかもしれない。

　ともあれこの縮図により、現存する板絵額が他に例の無い斐による油絵であるうえ、藩主増儀のために描かれた「増儀好み」の作例であり、また現存唯一の黒羽城本丸御寝所の調度品であったことがこれで判明した。

　なお現所蔵者によれば、本板絵はもと黒羽の鎮国社伝来とされる。明治政府による廃城令で黒羽城を取り壊した際に、隣接する鎮国社に移した可能性もあるが、残念ながら城を出て以降の伝来については不明である。

（3）明王寺蔵「龍に馬師皇図屏風」（栃木県指定有形文化財）

　本縮図帖には、もう一つ増儀の命により製作された重要作品に関する記載が存在する。いわずと知れた斐の代表作であり、希少な屏風作例として知られる、栃木県指定有形文化財の「龍に馬師皇図屏風」（ばしこう）（大田原市黒羽向町・明王寺蔵）〈図7〉である。本帖には、この「龍に馬師皇図屏風」の第2扇半ばから第6扇半ばまでが見開きを用いて描かれており（17ウ・18オ）〈巻頭図3〉、上部には「御屏風一双墨画」と記されて

いる。

　さらに続く見開き（18ウ・19オ）〈巻頭図4〉には、左手で右袖を絞り、画面右を睨む仙人と、その左方で竹林を背に画面右に向かって咆哮する白虎が描かれている。上方には前図と同じく「御屏風一双墨画」と記され、続けて画題である「巨霊仙人」「白虎」の文字が、そして右には「文政戊子秋日依／君命侍於　殿上以作此図　臣小泉斐謹画／□□」（□は印を表す）と書き入れられている。

　屏風は一つで「一隻」と数えるが、通常は二つ一組で製作され、この二点で「一双」と数える。しかし「龍に馬師皇図屏風」はこの一隻しか明王寺に伝わっておらず、また構図的にも画面左右に馬師皇と龍がそれぞれ配されており画面の完結性が高い点、そして大きく描かれる龍が画面左を向くにもかかわらず、斐の落款がそれを受けるよう

に画面左端に入れられる点などから、これまでは一隻で完結した作品とみなされており、管見の限りでは対となるもう一隻の存在について言及されることはなかった。

　筆者もこれまで、当然のように一隻で完結した作品だと考えていたが、本帖の出現により、もう一隻の「白虎に巨霊仙人図」と対の六曲一双屏風であったことが確定した。

　画題の巨霊は中国の山河の神で、華山（陝西省）を裂いて黄河の流れを通した仙人とされ、白虎を従えていた。江戸時代中期に刊行された絵本（絵手本）にも「巨霊人」として虎を従える姿が紹介されており、また建築の装飾彫刻などにもままみられるなど、当時一般的とは言えぬまでも、決して珍しい画題ではなかった。

　この縮図を見ると、巨霊・白虎ともに画面右方を向いており、確かに右隻

図7　「龍に馬師皇図屏風」（明王寺蔵）

の存在を想起させる。左隻の落款が右に入れられるのも例が無いわけではなく、馬師皇図と対であったことは疑問の余地がない。なお、明王寺御住職の近藤隆俊師によれば、もとは龍虎で対であったが、虎図は戦前にすでに寺を離れ、戦中ごろには朽ちて失われたと伝わるという。

また、現存する「龍に馬師皇図屏風」には「臣小泉斐謹画／印（「小泉斐印」白文方印）、印（「子章氏」朱文方印）」という落款が入れられている。この文言により、おそらく藩主の命で描いたものであろうことは想定できるが、「白虎に巨霊仙人図」の縮図には、文政11年の秋に、斐が君命つまり藩主増儀の命を受けて殿上で描いた、というより具体的な内容の款記が入っていることも極めて重要である。

「龍に馬師皇図屏風」は昭和63年（1988）に栃木県の有形文化財に指定されたが、製作年代の詳細については不明のままだった。本縮図により、文政11年秋の製作であることが明確になり、あわせて増儀の命で描かれたものであるうえ、「御屏風」という表現からみて黒羽城の調度品であった可能性が極めて高いということになろう。

黒羽城を飾ったと考えられる絵画調度品類は、斐による一連の大幅真景図と先に紹介した油絵の板絵額以外は知られていない。斐の代表作でもある「龍に馬師皇図屏風」は下野の近世美術史上重要な作品だが、歴史資料的にも極めて貴重な作例であることが証明されたといってよかろう。

このほど新たに出現した斐自筆の「縮図帖」により、主に黒羽城の御用に関わる新事実がいくつも判明することになった。また、本稿では紹介しなかったが、本帖にはほかにも現存作例に関する重要な記載が存在することをすでに確認している。

前記のとおり、同種の縮図帖は、ほぼ未紹介ながらも複数確認されている。これらについての研究は、これまで遅々として進んでいなかったが、斐研究においてこの種の資料の精査がいかに重要なもので、かつ必須の作業であるかは言を俟たない。今後は可能な限り他の縮図帖類にも調査の手を広げていくつもりである。

2. 斐の高弟・田谷芝斎の画業

（1）知られざる画人　田谷芝斎

斐は数多の弟子を抱えていたことでも知られている。事実、これら弟子たちや知人らの名を記した『小泉檀山門人録』（現所在不明）には、重複もあるものの100名近くの人物名が列挙され

ており、この事実ひとつをとっても、斐が一地方の無名画人などというくくりで語るような存在ではなかったことが明白である。

この『門人録』に列挙された数多い弟子たちの中には、のちに高久靄厓らとともに文晁門四哲とされ、江戸文人画の重要画人となる水戸の立原杏所のような著名な人物も確認できるが、そのほとんどはいまだ無名の存在である。平成17年（2005）の小泉斐展で、ある程度まとまった点数が紹介された島崎玉淵などは例外的な存在で、ほぼ全員が『門人録』の記載以上のことは分かっていないのが現状である。

そのようななかで、ある注目すべき作品を残した画人が田谷芝斎である。とはいえ、栃木県立博物館で二度、仙台市博物館で一度、「山水写真帖」（個人蔵）〈巻頭図5、6〉の一部が展示・紹介されたことがあるのみで、ほぼ無名といってよいだろう。

筆者は平成28年に、初めてこの画人の掛幅作例2点を確認・調査し、また今年に入ってさらに2点の作品に接することができた。そのいずれもが、斐を考える上で重要な示唆を与えるものであり、また作品としても優れた出来映えを誇っていた。今後、近世下野の絵画史を考える上で決して無視し得

ない画人であるため、以下に紹介したい。

(2) 芝斎の代表作「山水写真帖」

「山水写真帖」は田谷芝斎が描いた真景図を表裏に貼り込んだ画帖で全4冊からなり、法量は縦が30.2〜29.9cm、横が20.2〜19.8cmとほぼ等しい。

書き入れられた年紀のうち最も古いものは寛政3年（1791）、最も下るものは文政元年（1818）で、30年近くに亘って芝斎が描き続けた真景図を集成した、まさに畢生の大作である。

各冊ともに意匠を凝らした豪華な表紙が装丁され、それぞれの表裏に「黒

図8　「写真　武州常州野州」冊表紙

髪山写真」・「黒髪山写真并強飯図」、「写真　武州常州野州」〈図8〉、「紀州写真　并江州播州讃州相州武州合巻」・「和州写真」、「西遊写真」との題簽が貼り込まれている。全4冊中3冊は表裏ともに簡略な墨画から本絵にいたるまで様々な真景図が貼り込まれており、「写真　武州常州野州」冊のみ片面がすべて白紙となっている。

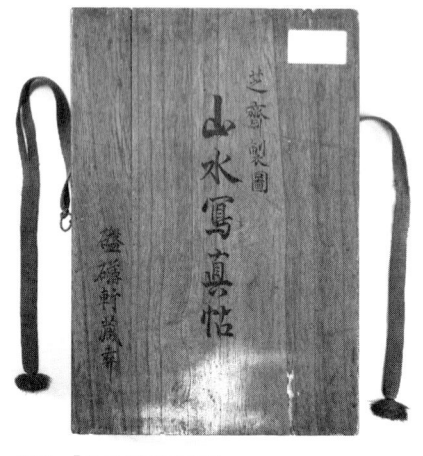

図9　「山水写真帖」箱書

貼り込まれた絵は、その多くが薄口紙に描かれており、中には現地で描いたスケッチ的なものをそのまま用いたとみられる略筆のものもある。箱には「芝斎製図／山水写真帖／礒礴軒蔵弄」〈図9〉とあり、さらに各冊に「敞蔵改廿一世半蔵」との所蔵印が捺されるが、「敞蔵」および「半蔵」については不詳である。

筆者である田谷芝斎は、『小泉檀山門人録』巻頭部分の斐の画系を記した系図において、斐の直後にその名が挙げられる画人である。以下にその部分を引用する。

仲文　享和之始改名奎字仲文号芝斎称亀六遊／暦日光山亦称弥右衛門初名熙田谷氏

これによると、田谷芝斎は享和年間（1801〜04）の初めに名を奎と改め、字は仲文、号は芝斎、亀六と称し、日

図10　「烏山城北燧阪眺望之図」

62

光山を遊歴した。また弥右衛門と称し、初名は熙で田谷氏だ、とある。この芝斎に続いて記されるのは、斐の師である島崎雲圃の甥や、水戸の立原翠軒（1744〜1823）の嫡子杏所といった重要人物たちであり、芝斎がこれらを抑えて惣領弟子的な立場にいた可能性がある。

出自についての記載はないが、『門人録』後半の芳名録にもその名が見え、そこには「芝斎　田谷弥右衛門／名奎字／下野邦之人以下」と記されており、これにより田谷芝斎が下野の人であることが分かる。

また、立原翠軒の漢詩集『此君堂詩集』に「芝斎所蔵木芝図」とその名が見えることから、翠軒との何らかのつながりが伺える。さらに「山水写真帖」中には巻頭題が複数確認できるが、うち「紀州写真」の題は下野出身の小山霞外（1785〜1864）が揮毫している。霞外は斐や靄厓らの作品に多数着賛した当時著名な書家だが、儒学を翠軒に学んだ人物でもあり、芝斎を取り巻く北関東の文人ネットワークの存在が想定できる。

前記のとおり芝斎の「山水写真帖」は過去に計3度展覧会に出品されているが、いずれの展覧会でもこれ以上の詳細については触れられていない。従って、ほぼ正体不明の画人の作にも関わらず、地元栃木のみならず他県の博物館で開催された展覧会にも出品されているということになるが、つまりは「山水写真帖」がそれだけ評価すべき作品であるということにほかならない。

この画帖の何よりの特徴は細部描写への執着で、無論スケッチ的なものや、簡単な彩色しか施さないものも多いが、本絵といって良い完成度のもの

も数多ある。特に地元下野や北関東各地を描いた「黒髪山写真」冊や「写真武州常州野州」冊には優品が多く見受けられる。

　「霧降之滝」図〈巻頭図5〉では約140cmに及ぶ大画面にも関わらず、滝の膨大な水量をそのまま写し取らんとばかりに水流を近接描写して執拗なまでに描き込んでおり、圧巻である。

　また文政元年（1818）の年紀がある「野州森田西鹿嶋神木」図〈巻頭図6〉は現那須烏山市森田の神木を描いているが、幹を大きく横に張り出し、うねりながら上方へと枝を伸ばす巨木を最前面に大きく描き、その後方に人物や集落、街道などをごく小さく配している。まさに大胆不敵な構図であり、その視覚効果たるや尋常でない。安政4年（1857）の歌川広重「名所江戸百景・亀戸梅屋敷」にも似た感覚を受けるが、芝斎が約40年も早く同様の試みをしていたのには驚かされる。

　芝斎は構図感覚に秀でていたらしく、先の「霧降之滝」図においても、凡庸な画人ならば視点をより遠くに置き、滝の全体を描こうとするところを、長縦長画面という画面の制約を逆手に取りあえて滝の主要部分のみを描

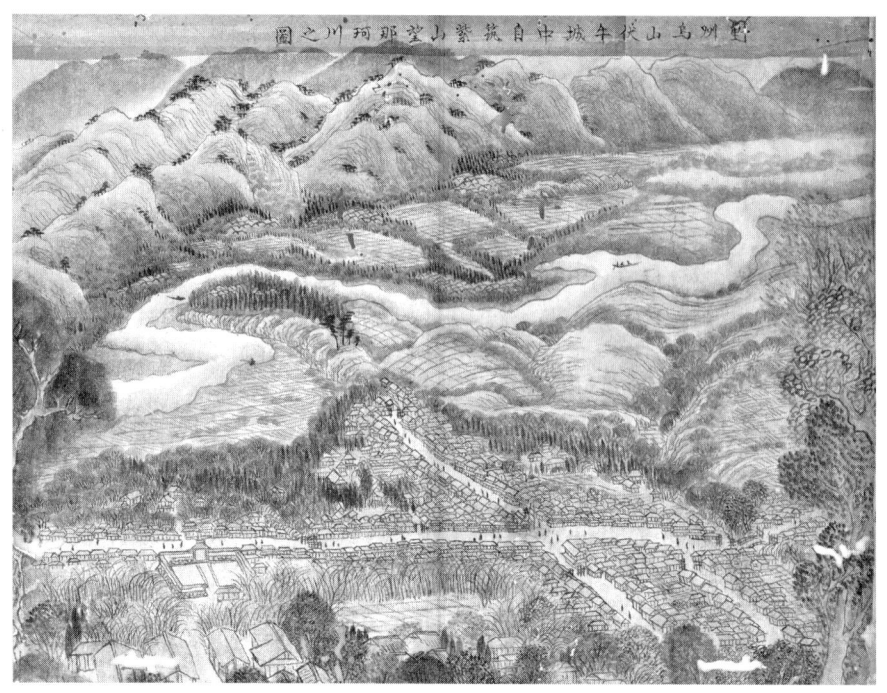

図11　「野州烏山伏牛城中自筑紫山望那珂川之図」

いている。この絶妙な画面のトリミングと大胆なまでの近接描写により、水量の多い夏場の滝特有の迫力を見事に表現している。

師の斐からの影響は無論大きく、「霧降之滝」図にみられる、浅い山型の墨線を抑揚ある短線で繰り返し重ねる岩皴や、「野州森田西鹿嶋神木」図の高い視点からの背景表現、そして「烏山城北 燧 阪眺望之図」〈図10〉などの広大なパノラマ的風景表現は斐の諸作例にも見られる特徴であり、まさに斐の高弟というにふさわしい。

芝斎は「写真　武州常州野州」冊において、湯津上（那須国造碑近傍）・黒羽（雲巌寺ほか）、塩原（西ノ河原ほか）、烏山（城下図など）、益子（七井）、市貝（市塙）、茂木（馬門の滝ほか）、高根沢（廻谷のおだきさん）、芳賀（芳志戸）など、那須地域をはじめ県内各所の風景を活写しているが、他の地域のほとんどが1〜2カ所ほどなのに対し、烏山近傍の図は計5図と抜きんでて多い（「黒髪山写真」冊にまとめられた日光を除く）。

そのうち「烏山城北燧阪眺望之図」の芝斎自身の書入れには「文化十五戊寅夏／星火応／烏山候需」とあり、烏山藩主大久保忠保の求めに応じて文化15年（1818）に描いたことが分かる貴重な作品で、芝斎と藩主との間に何らかのつながりが存在したことが伺われる。烏山を描いたほかの4図もその完成度はすこぶる高く、しかもそのほと

図12　「武将之像并□□具図」冊表紙

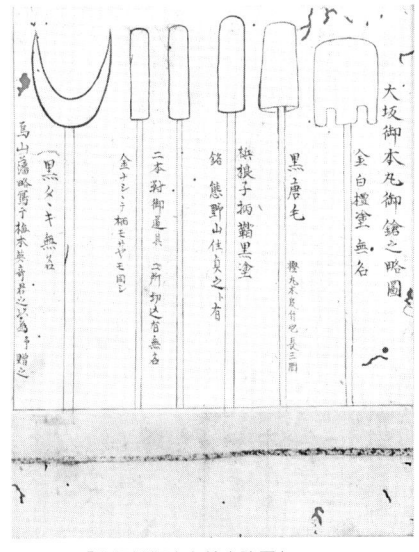

図13　「大坂城御本丸鎗之略図」

んどが何紙も継いだ大画面作例であり、他地域と比べると明らかに烏山の比重は重い。

また、巻末の「野州烏山伏牛城中自筑紫山望那珂川之図」〈図11〉は、題記のとおり烏山城内から城下町を見下ろした図で、芝斎が烏山城内に立ち入ることが許されていたことを示唆しており興味深い。

なお、この「山水写真帖」には、やや法量の大きい「古剣之図并故人之像」・「武将之像并□□具図」と題した表裏貼込みの画帖1冊〈図12〉が付属しており、そのうち「武将之像」冊中の「大坂城御本丸鎗之略図」〈図13〉には「烏山藩略写于梅本英嵜君之以為予贈之」と記されており、芝斎が大坂城内への入城経験もあることが分かる。

大坂城内への立ち入りは、一般庶民はおろか通常は藩士であっても有り得ず、従って芝斎が少なくとも士分以上の身分でありであり、さらに大坂城に入城する何らかの特別な機会を得たからこそ描き得たことを示している。烏山藩関係では、6代藩主大久保忠成が文化4年（1807）を皮切りに計4度、7代藩主忠保が天保2年（1831）を皮切りに計3度大坂加番（大坂城の定番に加勢して城の警護にあたる役）に就いており、いずれかの折に供として大

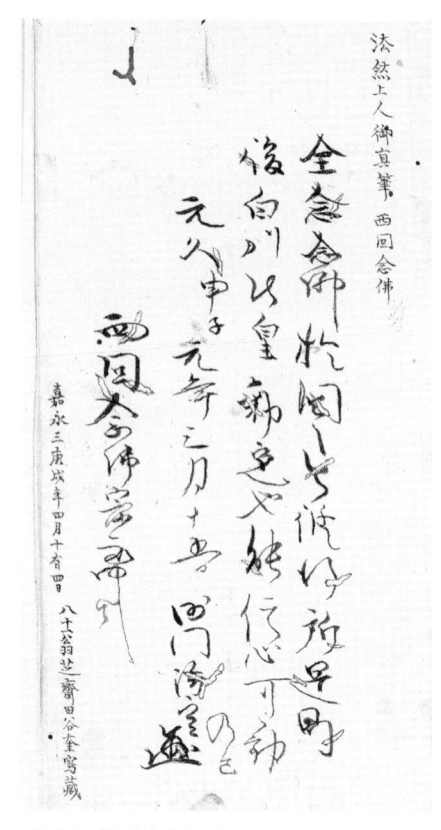

図14　「法然上人御真筆西回念仏」書写

坂城入りした可能性もあるが、残念ながら確証はない。

「古剣之図」冊や「武将之像」冊には、ほかにも「烏山候御兜之銘」が書写されるなど烏山絡みの記載が散見され、芝斎と烏山藩主との間に縁浅からぬ交流が存在したことは確実だろう。

「武将之像」冊にはほかにも重要な記述がみられる。「法然上人御真筆西回念仏」の書写〈図14〉には、「嘉永三庚

戌年四月十有四日／八十一翁芝斎田谷奎写蔵」とあり、これにより芝斎が嘉永3年（1850）時に81歳、つまり生年が明和7年（1770）であり、斐と同年生まれであることが分かる。

残念ながら没年に関わる記載は見出し得なかったが、「柿本朝臣人麻呂画像」には「此像者足利戸田候臣田嵜明義カ模シテ収蔵セシヲ縮図セル也」とあり、田崎草雲（明義）が足利藩に帰藩した安政2年（1855）までは存命であった可能性が高い。

ともあれ、斐と芝斎は同い年の師弟という間柄となり、『門人録』で斐の次

にその名が記されるのも、こういった事情を勘案すれば納得できる。

本冊及び「古剣之図」冊中のもう一つ重要な記述は、「礙磚軒田奎写」「礙磚田奎写蔵」といった芝斎の軒号（雅号）に関する書入れである。「山水写真帖」4冊を収納する箱蓋表には、「芝斎製図／山水写真帖／礙磚軒蔵弄」との墨書〈図9〉が記されている。従って、箱が共箱（作者自らが箱書した製作当時の箱）であること、そして各冊の豪華な装丁も芝斎の注文による当初のものと考えることができる。

なお、4冊中には貼込みされない白

図15 「西遊写真」裏面

紙部分も多く見受けられるが、その部分には、表側に貼込んだ絵に賦彩した際のものとみられる色の滲みが多数見受けられる〈図15〉。これは各図の貼込みを行った後に彩色したことを示しており、その貼込み自体も芝斎自身の手になるとみるべきだろう。つまり、「山水写真帖」は芝斎による製作当時の姿をほぼ完全にとどめる貴重な作例と考えられるのである。

　附属する「古剣之図」・「武将之像」冊は、保存のために近年製作した箱に収められるが、それ以外は「山水写真帖」同様、製作当初のままの姿とみてよかろう。いずれも下野の近世絵画史を考える上で極めて貴重な存在といえよう。

（3）新出の掛幅作例

　栃木県立博物館の調査により、「山水写真帖」の存在は早くから知られていたが、そのほかの作例については全く確認できず、芝斎の画業については長らく不明のままであった。しかし幸いにも近年立て続けに掛幅作例が4件出現し、おぼろげながらもその芸術的特徴が分かり始めたため、以下に記していきたい。

　「雨中行舟図」（個人蔵）〈巻頭図7〉は紙本着色で、その法量は138.5×28.6cmと、本紙の縦寸が横寸の5倍以上という、極端な縦長画面の作品で、芝斎の特徴がよく表れた作品である。「山水写真帖」中の「霧降之滝」図にもみられる、浅い山型の墨線を抑揚ある短線で繰り返し重ねる岩皴はここでも用いられる。これは斐もよく用いる皴法なのだが、芝斎はこれを極端なまでに多用し、稜角もより急角度でまるで棘のように描いている〈図16〉。のみならず、風になびく樹木の幹や枝にまで援用しているが、斐作品にはここまで極端な例は見受けられず、これは芝斎の

図16　「雨中行舟図」部分

図17　「雨中行舟図」部分

個人様式といってよいだろう。

人物表現〈図17〉を見ると、船頭がなで肩・細面なのは斐と共通しており、またほかの舟中人物たちも斐作品の人物像と面差しが似通っているものの、丸顔で大ぶりの鼻が強調される点は、芝斎の他作例にも頻出する特徴である。

背景の山水表現は全体として荒々しいものとなっているが、これにより降りしきる風雨の激しさが伝わり、さらに荒天の中でも笑顔で船に乗る高士たちの丁寧な細部描写と好対照となっており、効果的である。青を基調とした色彩も清々しい、芝斎による文人画の佳品といえるだろう。

なお、年紀は記されないものの、画面左の遊印は「礦磗」と判読され、ここからも「礦磗軒」が芝斎の軒号であることが確認できる。

「鮎に翡翠図」（個人蔵）〈巻頭図8〉は絹本着色で、法量は96.9×35.2cm。現時点では唯一の芝斎による鮎図で、いかにも斐の弟子らしく、水面から飛び跳ねんと大きく身をそらす鮎も描かれる。鮎だけでなくオイカワとみられる魚もおり、さらに鮎を捕食する翡翠も濃彩で描かれる。太い墨線で構成される水流や激しい水勢で泡立つ川面の表現は、斐というよりも高田敬輔に近

い。芝斎は、あるいは斐直系とするより、むしろ敬輔の画系としてとらえるべき画人であるのかも知れない。

岩の輪郭は、他作例同様尖った稜角の繰り返しで描かれ、芝斎らしさを見せている。墨竹の枝にとまり、今まさに鮎を飲み込まんとする生々しい翡翠の姿〈図18〉は、日本の文人画では通常描かれるものではなく、これは江戸時代後期に一世を風靡した南蘋派の影響とみるべきだろう。

師の斐には南蘋派の影響はほとんどみられないが、平成29年に栃木県立博物館で初公開された「海棠に三光鳥図」（個人蔵）〈図19〉の存在は、斐の画系において一定程度南蘋派学習が行われていたことを示唆しており注目された。さらに今回の芝斎作例の出現によ

図18 「鮎に翡翠図」部分

り、これが裏付けられたといってよか

図19　小泉斐「海棠に三光鳥図」

ろう。

　また、本作は年紀により文化3年（1806）の作であることが分かり、掛幅としては唯一製作年代が判明する基準作例としても貴重である。

　なお本作の裱背には、明治42年（1909）に龍田屋より受納したとの貼紙がのこるが、残念ながら龍田屋及び伝来の詳細は不明である。

　「天岩戸図」（個人蔵）〈巻頭図9〉は絹本着色で、法量は117.7×46.0cm。素戔嗚尊と天照大神を描いた、視覚的衝撃度が高い作品である。画題は斐もよくした神話画で、日本人なら誰

図20　「天岩戸図」部分

もが知る記紀の天岩戸伝説だが、丁寧な線で描かれながらも一種不気味ともいえる素戔嗚尊の微笑みは、見る者に強烈な印象を与える〈図20〉。

また、髪・眉・髭や脛まで編み上げた草鞋にみられる細部描写への偏執狂的な執着は、主役である素戔嗚尊に視線を集中させ、怪異な表情をより強調する効果を果たしている。

その肉身表現は、まるで曽我蕭白による一連の人物図のような、多数の曲線を用いた奇怪なものだが、各線をよく見るとそのすべてに微妙な抑揚が施されている。写実ではなく、極端に誇張された人物表現であることは間違いないが、実際の線描は繊細かつ抑制的で計算されたものといえるだろう。

対照的に、鋭い稜角の岩と太く粗い線で描かれた松は極めて荒々しい描写だが、神話画という現実からは乖離した画題にはむしろふさわしいともいえよう。天岩戸の奥から姿を現す天照大神は、なで肩・細面でいかにも斐風だが、それ以外は既に芝斎画風と言ってよいほど個性的な作品である。

なお、款記には「天豕道人田奎謹写」とあるが、この「天豕」は宿曜でいう奎宿をさし、芝斎の名である「奎」に掛けた雅号とみられるが、ほかに使用例は確認されていない。

最後に紹介する「寒山拾得図」（栃木県立博物館蔵）〈巻頭図10〉は、中国・唐時代の天台山国清寺にいたとされる伝説的な人物を描いた作品である。

図21 「寒山拾得図」部分

寒山と拾得はともに奇矯な風体と言動で周囲を戸惑わせたとされる伝説地的人物だが、非僧かつ脱俗の人物としてその生き方が禅宗で尊ばれ、古来より禅宗人物の主要画題として描かれ続けた。

寒山と拾得はもとから奇矯の態で描かれるものだが、本作にみられる歪んだ表情と奇妙な姿態は、まさに狂態人物といってよい。全体に誇張を基調としており、箒を持ち上方を見上げる拾得の首の角度は、現実には到底有り得るものではない。また経巻を持つ寒山の口中では奥歯まで描いており、その細部への執着はいかにも芝斎らしい（図21）。これらから受ける印象はまさに「奇怪」であり、「天岩戸図」同様、一見して曽我蕭白画を連想させる。この蕭白の師は高田敬輔とされており、斐の画系と師を同じくすることが知られている。無論芝斎も同一画系に連なる画人であり、従って本作の奇怪ともいえる表現は、芝斎にとって当然有り得べきものであったのではないか。

芝斎が蕭白画やその粉本に触れていた可能性も考えられるが、これに関しては想像の域を出ない。ただし、着衣の線はよく整理されて無駄や誇張が少なく、この点に関しては蕭白と趣を異としている。また、墨遣いも非常に的確であり、芝斎の画技の確かさだけでなく、墨色を含めた賦彩の感覚にも秀でていたことを如実に表している。

なお、款記に「礐磚主人田奎写」とあるのも重要である。

（4）田谷芝斎の画業

ここまで、田谷芝斎の現存作例について検討してきた。これにより判明した芝斎の画業と芝斎画の特徴を以下に挙げると、

①田谷芝斎の名は奎、字は仲文、芝斎は号、別号（雅号）は礐磚軒、天豕道人。生年は明和7年（1770）で、小泉斐は同い年の師にあたる。没年は不詳だが、安政2年（1855）まで存命だった可能性が高い。

②下野の画人だが出身地等は不明。ただし、烏山藩とはゆかりが深く、士分であった可能性がある。

③その代表作「山水写真帖」は、芝斎自身が集成した真景図帖で、自身で所蔵していた。また、真景図や文人画にとどまらず、南蘋派、神話画、人物画も描いた。

④その画風は斐の影響下にあるが、斐に忠実に倣うというレベルを超え、曽我蕭白をも想起させる独自の画風を築いた。

⑤その特徴として、秀でた構図と色彩

の感覚、独特な岩皴、執拗なまでの細部表現などが挙げられる。となるだろう。こうしてみると未だ不明な点ばかりではあるが、一応の進展を見たといってよかろう。

芝斎は全くの無名画人ではあるが、現存作例を一見すればわかる通り、その画才と技量は決して無視しえない領域に達している。今後、作例のさらなる発見により、より注目される存在となるだろう。

おわりに

以上、新出の小泉斐による「縮図帖」の紹介とそれに伴う新知見、そして斐の高弟田谷芝斎の画業について紹介してきた。

小泉斐が那須地域を代表する最重要画人であることは言を俟たないが、その陰に隠れていた田谷芝斎という無名画人についても、さらなる検討と再評価が必要である。この両画人の作品や関係資史料は、これからも多数確認されることだろう。それらについて、今後も精緻な研究とその成果の還元が求められるが、筆者もその一助となるよう研究を続けるつもりである。

なお、平成30年9月に栃木県立博物館において、小泉斐と田谷芝斎を取り上げたテーマ展「小泉斐の世界―鮎と風景と人物―」が開催され、本稿で紹介した作品が多数紹介されることになった。この絶好の機会にこの二人の画業についてより広く、そして深く認識してもらえることを祈りつつ、稿を終えたい。

主要参考文献

栃木県史編さん委員会『栃木県史　史料編近世四』1975

東京国立近代美術館『写実の系譜Ｉ　洋風表現の導入―江戸中期から明治初期まで―』図録　1985

神戸市立博物館『花と鳥たちのパラダイス　江戸時代長崎派の花鳥画』図録　1993

馬頭町教育委員会『檀山人　小泉斐』図録（「馬頭が誇る小泉斐回顧展」図録）1994

北口英雄「『小泉檀山門人録』について」（栃木県歴史文化研究会『歴史と文化』9）2000

栃木県立博物館『栃木の歴史街道―みちの世界へ―』図録　2005

栃木県立美術館『小泉斐と高田敬輔　江戸絵画にみる画人たちのネットワーク』図録　2005

栃木県立博物館『改革と学問に生きた殿様―黒羽藩主　大関増業―』図録　2010

仙台市博物館『江戸の旅　たどる道、えがかれる風景』図録　2012

橋本慎司「江戸時代における那須地方の画壇　黒羽の画人小泉斐の活躍」（那須文化研究会編『ブックレット那須をとらえる』4　随想舎）2016

北陸浄土真宗門徒の那須移住
那須烏山市域を中心として

上野　修一

1. はじめに

　近年の歴史ブームのなかで、江戸時代の再評価が一つの流れとなっている。かつては幕府の法令に基づく研究が一般的であったものが、各地域に残されていた地方文書の研究が進んだことで、その実態が明らかにされつつある。本稿のテーマである、江戸時代後期における加賀藩を中心とした北陸地方の浄土真宗門徒の北関東移住についても、各市町村史の編さん事業が進み新たな史料が公開されたことで、当時の加賀藩の村々の状況と移住先の村々での入植の様子とを同時に比較することができるようになり、より具体的な検証が可能になったと言える。

　かつては、北関東に移住した加賀や越中の農民たちは、地元での貧しさに耐えきれず国禁を犯して国元を離れて来た人々であり、飲まず喰わずの有様で親鸞聖人の聖地である北関東の浄土真宗寺院に到着し、新たな縁故を頼ってそれぞれの場所へ入植したと記される場合が多かった（竹内1962など）。

　しかし実際には、18世紀末に行われた松平定信による寛政の改革の段階で、荒廃する北関東の農村復興策として北陸地方の浄土真宗門徒の移住は容認されていたようであり、本来は江戸から地元へ帰村する農民に対して行われていた路銀の支給や住宅の手配などの施策が、他藩から移住する農民にまで適用されていたことが明らかになってきた。当然の事ながら、幕府の直轄地（天領）を支配する代官達は、こうした施策に基づいて積極的に北陸地方から農民の移住を行っていたのである。同様の問題を抱えていた北関東地方の諸藩も積極的にこの方法を受け入れ、荒廃の進んだ農村の復興に大きな成果を挙げたのである。従来、あまり指摘されることが無かったが、幕府の後ろ盾があって初めて、最大の外様大名である加賀藩の農民を、藩の掟に背いてまで移住させることが可能だったと考えた方が、解釈に無理がないと思われる。

　本稿ではまず、江戸時代後期におけ

る北陸浄土真宗門徒の北関東移住の概要に触れ、次に入植の具体的な様相について、地方資料の残る旧烏山藩領志鳥村の事例を中心に紹介する。

2．江戸時代の飢饉と農村の変貌

（1）二極分化する加賀藩の農村

　加賀藩では元禄6年（1693）、幕府に先駆けて元和年間（1615〜24）から実施されてきた田畑の永代売買の禁を解き、年貢確保のために土地の売買を公認する制度を開始した。この制度は本来、貨幣経済の農村への浸透に従い困窮した百姓が持高を質入れ同様に処分する者が多発したため、大地主の手余り地を売り渡させて百姓に適正な持高を維持させることを主眼としていた。他人に売渡した百姓の持高を切高、買い取った高を取高と呼び、売買には種々の条件を付しており、これを切高仕法と称した。しかし実際には、商業資本の介入によって大規模不在地主が形成される一方、1石以下の零細農民が急増し農村の分解が急速に進行している。越中国砺波郡中保村では、寛文11年（1671）には農家総数28戸のうち、1戸を除いては全てが10石以上の自営農民だったものが、天保10年（1839）には71戸のうち10石以下が64戸、しかも1石以下が58戸と様相が大きく変化している（表1）。こうした零細農民は常時でさえ生活に苦しく、自然災害などによる凶作ともなれば年貢未納となり、土地を売って小作農民となるか、「走り人」となって夜逃げするしか方法が無かったのである。

表1　砺波郡中保村の持高の変遷

石数(%) ＼ 年代	1石以下(%)	1〜5(%)	5〜10(%)	10〜20(%)	20〜30(%)	30〜40(%)	40〜50(%)	50〜100(%)	100石以上(%)	戸数合計
寛文11年（1671）	0	0	1 (4)	11(39)	10(36)	1 (4)	1 (4)	2 (7)	2 (7)	28
元禄 〃（1698）	6(17)	5(14)	4(11)	10(29)	6(17)	1 (3)	0	1 (3)	2 (6)	35
享保 〃（1726）	20(51)	3 (8)	2 (5)	6(15)	2 (5)	2 (5)	1 (3)	2 (5)	1 (3)	39
宝暦 〃（1761）	17(34)	11(22)	6(12)	8(16)	3 (6)	1 (2)	2 (4)	1 (2)	1 (2)	50
天保10年（1839）	58(80)	4 (6)	4 (6)	1 (1)	2 (3)	0	0	1 (1)	1 (1)	71
弘化元年（1844）	46(77)	6(10)	2 (3)	2 (3)	2 (3)	0	0	1 (2)	1 (2)	60
嘉永元年（1848）	47(69)	9(13)	3 (4)	4 (6)	3 (4)	0	0	1 (1)	1 (1)	68
慶応2年（1866）	57(70)	11(13)	6 (7)	5 (6)	3 (4)	0	0	0	0	82

川合文書「組下七拾壱ヶ村草高免付百姓数之帳」など（『井波町史』上巻より転載）

（2）関東の農村の変化

　関東地方でも、延享元年（1744年）に田畑の所有権の移動や売買が公式に認められた。その結果は北陸地方と同様であり、各地の農村で二極分化が進行した。地主制が急速に広まり、宝暦から天明期になると、領主からの年貢と地主からの小作料という二重の負担に耐え切れなくなった多くの農民が没落し、離農した農民たちの多くは、江戸を始めとする都市に流入した。多くの下層農民が離村して都市へと流入した結果、農村人口が減少して小作人が不足し、地主経営も難しくなり、農村自体に行き詰まりが見られるようになっていたのである。

（3）寛政の改革と農村対策

　こうした混乱の中、天明6年（1786）に老中筆頭となった松平定信は、荒廃の進んだ農村の復興と江戸へ流入する近隣の農村出身者への対応が喫緊の課題であった。当時、江戸へ大量に流入していた地方出身の農民達に資金を与え帰郷させ、江戸から農村への人口の移動を狙った「旧里帰農令」が1790年に出されたが、効果は少なかったようである。ここで特筆されることは、幕府領・旗本領・寺社領から江戸に来住した者で、故郷へ帰りたいと思っても

図1　松平定信の肖像（福島県立博物館蔵）

帰路の旅費がない者、あるいは故郷へ帰っても食費・農具代などに困る者へは幕府がそれらの費用を支給するので願い出る事とされただけでなく、触れ以外の地で農民になりたいと希望する者は、旅費・食費・農具代などの他、手余地のある国にて相応の田畑を与えるので願い出る事、などの指示がなされた点である。また、幕府は寛政2年（1790）に各藩主や天領に対して、「古郷障あり、親戚または田地を持たぬもの、他郷にて産業の望みあらば、余地ある国々より、その身に応ぜし田畑費用を賜い、妻子を引きまとい、望みにまかすべし」（『続徳川実記』第1篇）と、他領への入り百姓を公認する施策を打ち出している。また御触書では「陸奥、常陸、下野の三国は荒廃地も多く、夫食・種代・農具代などの拝借金の返済は、十か年返済を差し止め、

十一年目から三十か年で返納とする」
（高柳・石井1958『御触書天保集成』
下）としている。ここで注目しておき
たいのは、従来、農民の移動を禁じて
きた江戸時代の政策を根本から変える
ものであり、今までに無かった積極的
な農村復興政策が採用された様子がう
かがえる。定信が幕藩体制強化のため
に新たに任命した天領の新代官の中に
は、北陸の浄土真宗門徒を任地に移住
させて大きな成果をあげるものが多
かった。次に述べる、真岡代官の竹垣

図2　竹垣直温の徳政碑

直温や藤岡代官の岸本武太夫などは、
その代表である。

3．荒廃する北関東の農村と復興策

（1）竹垣代官などによる真宗移民政策

　寛政5年（1793）から真岡代官と
して着任した竹垣三右衛門直温は、荒れ
果てた耕地と潰れ屋敷の復興のため
に、前任地であった越後国川浦代官領
（現在の新潟県上越市周辺）からの真
宗門徒農民の入植を積極的に試みてい
る。その結果、寛政7年（1795）から
寛政12年（1800）までに常陸国筑波郡
内・同国真壁郡内・下野国芳賀郡内
で、16地区287軒の移住を実現した
（栃木県史『史料編　近世三』）。また、
在任中の文化11年（1814）までの22年
間で、300余戸1,700余人の真宗門徒農
民を入植させたと、顕彰碑に記されて
いる（「竹垣君徳政之碑」真岡市海潮
寺）。竹垣代官の場合は、四年間川浦
代官を勤めたことで、北陸農民の実態
を熟知していた上での判断であったと
考えられる。彼の入植支援策を示した
のが表2であるが、家作金・夫食・農
具・諸道具付きで呼び寄せ開墾をさせ
たことが分かる。一方、寛政5年
（1793）代官となり、下野国都賀郡藤
岡（現在の栃木市藤岡）陣屋に赴任し
た岸本武太夫は、同国芳賀郡東郷村

表2　各入植地における新百姓取立の条件

		笠間藩 稲田西念寺良水	代官 竹垣三右衛門直温	代官　岸本武太夫			
開発地年貢率	初年	無　年　貢		取実作り取り			
	2年 3 4 5	反当2畝歩		田方	反当7升 反当1斗5升 〃	畑方	反当永10文 反当永20文 反当永30文
	～9年～ 10年～	反当4畝歩			検 見 取		一切免
	12年～	永々半					
家作金		出精次第拝借相成候事	2間半6間家造被下	金4両（家作・灰小屋・雪隠取建入用） 金6両（梁間2間桁行5間3方 　3尺下屋並に灰小屋雪 　隠共9尺4方積り）			
馬代金							
農具代		金4両（翌年より10ヵ年賦返納）	1軒当　金2両2分 （人別に応じて相増）	1軒当 ｛稼人2人以上―金3両 　　　　　　　1分 　　　　稼人2人以下―金2両 　　　　　　　1分			
夫　食		代金にても拝借 の事 一割利足 初年度返納	1日1人当―白米3 　合　搗麦4合味噌 　30匁 厄介人―味噌15匁	1日 1人当 ｛稼人―米3合搗麦4合 　　　5勺味噌30匁 　　不稼者―搗麦4合 　　　味噌15匁			
種　籾				種籾―田1反当1升（稼人1当 　　2反5畝歩宛） 種麦―畑1反当8升（　〃　） 　　但初年のみ			
雑　穀							
道中関係		中泉村平八が往来手形を偽造 西念寺が越度引受人となり笠間藩領の村々へ入籍	道中入用の儀は宰領を以て相賜わること 道中荷物の儀は1人前5貫目持高にて放立申付　足弱の老人は籠　小児分は三木御関所の義は御証文にて通行 道中小遣として金1両	引越道中 入用1人当 ｛6歳以上　金2分 　　　　　6歳以下　金1分			
その他		妻子持であること 拝借金相済候上は帰国勝手次第		在所出立に付　借銭其外諸取 片付入用　金1両			
出　典		五来重『北陸門徒と関東移民』	『下重国八条村掛所記録』	白銀賢瑞『川上平十郎翁と頸城門徒の関東移民』			

（小野寺淳1979「北陸農民の北関東移住」より転載）

（栃木県真岡市）を出張陣屋として、下野、下総の幕領を管轄。寛政11年（1799）東郷陣屋に移り、小児養育、荒地起返しのための手当支給、堕胎や子間引きの防止、越後国の農民の入百姓の実施など、荒廃地の復興に手腕を示した。二人の仕法には共通性が認められ、双方ともかなりの好条件である。いずれの場合も幕府の方針の下、充分な資金が与えられていたからだと考えられる。

こうした北陸真宗門徒の移住は、周辺の代官支配地でも積極的に実施されている。下総国猿島郡や結城郡尾崎村（いずれも現在の茨城県古河市）にも越中国砺波郡からの入植が積極的に行われている（『三和町史』史料編）。

(2) 笠間藩の真宗門徒の移住政策

北関東の諸藩のなかにも、真宗門徒の移住について積極的に対応した例もみられる。常陸国の笠間藩では、特に天明の大飢饉を契機として藩内の農村部からの人口流出と荒廃地の増加が社会問題となっていた。その解決策として、北陸地方の浄土真宗門徒の入百姓による人口増加策を藩主の牧野貞喜公に進言したのが、西念寺二十代住職の良水である。西念寺は親鸞聖人が40歳から60歳まで、妻の恵信尼と6人の子供たちと共に暮らし、本典である『教行信証』を書き上げた稲田御坊の後地に建てられた寺院で、浄土真宗門徒にとっては関東巡礼の聖地として知られていた（図3）。その関係で良水は北陸地方への勧進の経験があり、彼地の農村の事情を熟知していた上での提言であったと伝えられている。表2に良水が藩の了解の上で作成した百姓取立仕法の入植の条件を示したが、天領などで実施されていた条件と共通する点が多い。

この結果、寛政5年（1793）より文化元年（1804）までの10年間に約60軒の入植があり、入百姓政策は順調に開始された。しかし文化5年（1808）に、加賀藩から百姓を引き戻すための役人が差し向けられるとの風評が流れ30余軒が逃亡し、虚偽と分かるや再び帰村したとされている。この風評の最中、良水が自刃するという事件が起きている。その後も真宗門徒の移住は

図3　西念寺本堂

続けられ、文政12年（1829）までに200余軒に及んだと記されている。

なお従来の研究では、良水の自刃は西念寺二十一代住職の良恵が残した「入百姓発端の記」を元に、大藩である加賀藩への対応に藩主の牧野貞喜公が困惑した結果、その身代わりとなったものであるとされてきた。しかし前述したように、笠間藩の浄土真宗門徒の入植政策は、幕府の寛政の改革の趣旨に基づいたものであり、同時代の天領を預かる代官の施策と共通するものであり、笠間藩が単独でその責を負うべき話ではない。だとすると、良水の自刃の真相についても他の理由が存在した可能性も考えられる。今後、地元での多方面の史料の分析により実態解明

が進むことを期待している。

（3）真宗門徒の移住と加賀藩の対応

加賀藩の中では、加賀国や能登国に比べて越中国で「走り人」が顕著であった。数を書き留めた記録も存在する。それによると嘉永5年（1852）11月から翌年の嘉永6年10月までの調査では、それまでに砺波郡では男380人、女79人の計459人。射水郡では男165人、女57人の計222人。新川郡では男82人、女30人の計112人。能州4郡では男58人、女8人の計66人が走り人になったと記されている。この全員が北関東地方に移住したわけでは無いが、相当数の農民が新たな天地を求めて故郷を去ったことがうかがえる。

頃日他国者之体ニ而御郡方江立入他国ニおゐて稼方も有
之ニ付罷越候様申進候体相聞得右様之者ハ甚不届之義ニ
付見聞ニおよひ候ハヽ指押召連可相断候尤何体申進メ
候共兼而申渡置候趣も有之候ニ付致承引候者有之間敷候
ヘ万万一心得違之者有之候ニ而ハ不相成義ニ付此段申渡
置候候条得其意夫々厳重可申渡候承知之験合名判先々早
速相廻シ自落着可相返候以上

　　　　　　　三州
　　申三月　　御郡奉行
　　諸郡
　　　御扶持人十村中
　　　組頭
　　　新田才許中

五位組赤丸村辺江此間中他国者之体ニ候得共何方誰与も
走り人ニ相成候者も有之右ハ路銀合力もいたし遣候由ニ
而右之者当ひいつれ江罷越候哉右村辺ニ八不申候ニ付共
不聞罷越常陸南部辺江罷越候様申勧候様子ニ而中ニ八

尚見付次第指押及断候様佐次右衛門より申渡其段々江
村様江申上候処右八五位組ニ而も有之間敷村段々江
も立入候ハヽ召捕杉木御郡所ヘ可及御達旨被仰渡候間
此段御才許組合急速御談可被成候此状飛脚ニ而御廻達
留より覚兵衛方ヘ御返可被成候以上

　　申三月廿日
　　　　　　　得能覚兵衛
　　　　不在合
　　石崎市右衛門　　　得能小四郎
　　川合又右衛門　五十嵐左次右衛門
　　　　　　　石崎文太郎
宮丸次郎四郎様等拾壱人宛所

図4　「御用留　安政七年」川合文書　富山大学附属図書館蔵

領外へ出る名目としては、親鸞聖人の関東二十四輩遺跡の巡礼、京都の本願寺詣で、伊勢神宮への抜け参り、ほかにも越中から加賀の山中温泉への瘡療養などが記されている。

　加賀藩でもこうした不法な移住を全く放置していたわけではない。天保10年（1839）には五人組と村役人に対して、監視が厳しく申し渡されている。また翌年には藩から直接役人を派遣して越中三郡の実状を調べさせ、対策を協議している（『加賀藩史料』15）。

　一方、北関東地方への移住を勧誘する人物が郡内に入り込んでいる様子を伝える文書も残されている（図4）。この文書は万延元年（1860）三月、常陸国への稼方を勧める者が入り込んでいるので指し押さえるよう、また心得違いの者が無いよう郡奉行から申し渡されたものである（砺波市史資料編2近世所収）。路銀も合力（援助）してくれるという、具体的な内容まで記されて

いる点が興味深い。

　このように緊迫した情勢ではあったものの、加賀藩が関東各地に入植した走り人を捜索したという記録は残されていない。自営農が急速に没落し零細農民が急増する農村の変化に対して、有効な解決策が見出せなかった加賀藩は、「走り人」に対してあえて見て見ぬふりをしたのである。

4．烏山藩における真宗移民政策

（1）烏山藩における農村の荒廃と復興策

　江戸時代後期における農村の荒廃は甚だ深刻であり、それは那須の烏山藩大久保家の場合も例外ではなかった。享保11年（1726）に18,744人だった烏山藩の人口は、寛政12年（1800）には12,634人に減少し、戸数も4,893戸から3,238戸と、約三分の一が減少している。この多くは農民であり、藩の年貢米の収納高も24,672俵余から13,503俵余と半分近くにまで激減した。こうした農村における人口減少の背景として、寛政11年（1799）酒主村の周助が24カ村惣代を代表して奉行所へ願い出た記録によると、寛延年中から続く天災地変によって田畑が荒れて潰れ百姓となったほか、百姓の二・三男が他国へ奉公や養子に出てしまい人口が減少した様子が記されている。

図5　慈願寺本堂

一方、同じ文書の中に、寛政9年(1797)に他国より来た27人の者を7軒の潰れ百姓跡に入植させ、荒れ地の開発に従事させたところ、この秋は相当の百姓として成長したことが記されている。他国名や入植させた村名も記されていないために詳細は不明であるが、北陸地方からの浄土真宗門徒の移住が始まっているとみるべきであろう。文政12年(1829)8月、志鳥村など領内で最も荒廃の激しい16カ村に対して11人の勧農役が任命され、復興の計画が論じられている。具体的な方法としては、前述した笠間藩領や真岡代官所支配地などにおいて実効を上げていた、北陸真宗門徒農民の受け入れを行い、新百姓取り立てによる農村復興策が画策されたのである。

ほかにも、領内の農村の疲弊や荒廃、農民の窮乏を見るに耐えかねて、文政11年(1828)に荒れ地開発七カ年計画を藩庁に提出し、40町歩余の再開発の成功を納めた天性寺34世の円応和尚の、天保5年(1834)の第二期計画のなかにも「新百姓取り立て等の儀」とあり、藩の政策として北陸からの移民の受け入れが正式に認められた様子がうかがえる。その際真宗門徒の受け入れに中心的な役割を果たしたのが、親鸞聖人の関東二十四輩遺跡の一つ慈

図6　円応和尚の墓(天性寺)

願寺(図5)である。以後、烏山藩では継続して北陸真宗門徒の入植が勧められた。その結果、天保13年(1842)から嘉永5年(1852)年のわずか10年の間に、烏山藩の領内では1,070戸、4,660人の増加がみられたという(『烏山町史』)。北関東地方における近世後半の農村復興というと、とかく尊徳仕法のみが注目されがちであるが、こうした北陸真宗門徒農民の移民による農村復興の事跡は、それに勝るとも劣らない史実として注目されるべきものと考えている。

(2)北陸真宗門徒の志鳥村移住

真宗門徒の烏山藩領内への具体的な移住を伝える史料が那須烏山市志鳥の地元に残されているので紹介しよう

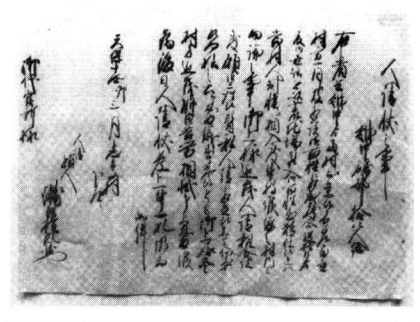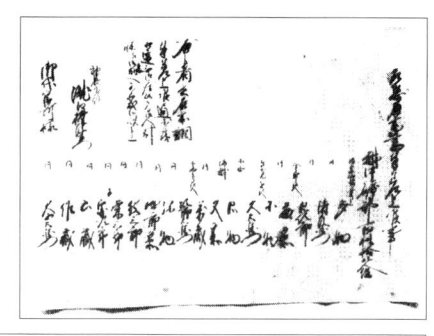

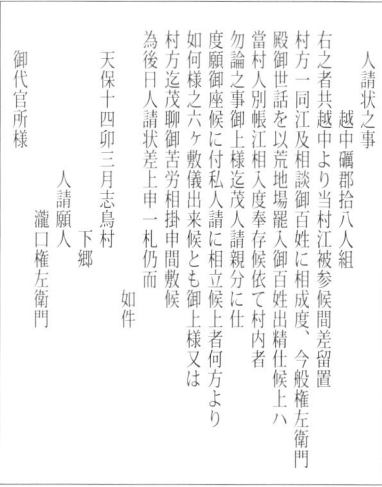

人請状之事

越中礪郡拾八人組

右之者共越中より当村江被参候間差留置
村方一同江及相談御百姓ニ相成度、今般権左衛門
殿御世話ニ付帳江入御百姓出精仕候上ハ
當村人別帳江相入度奉存候依て村内者
勿論之事御上様迄茂人請ニ相立親分ニ仕
度願御座候ニ付私共人請ニ相立候上者
如何様之六ヶ敷儀出来候とも御上様又は
村方迄御苦労相掛申間敷候
為後日人請状差上申一札仍而如件

天保十四卯三月志鳥村
下郷
人請願人
瀧口権左衛門

御代官所様

乍恐名前書奉差上候事

越中礪郡百姓拾八人組

坪字柏崎堂上　　多助
　　　　　　　　清左衛門
同　　　　　　　忠次郎
金草沢　　　　　籐兵衛
同　　　　　　　小助
きぢ加を沢　　　久右衛門
同　　　　　　　忠助
小山　　　　　　又兵衛
塚越　　　　　　萬蔵
同　　　　　　　次郎右衛門
小志鳥沢　　　　弥郎右衛門
同　　　　　　　宗次郎
同　　　　　　　栄三郎
同　　　　　　　紋三郎
同　　　　　　　六蔵
同　　　　　　　作次郎
同　　　　　　　久五右衛門

右之者共名前調
奉差上候通少茂
相違無御座候間人別
帳江書加ヘ可被成候以上

勧農下役
瀧口権左衛門

御代官所様

図7　滝口家文書写真・釈文（越中砺郡百姓十八人組人請状）

（滝口家文書、図7・8）。記録によると、志鳥村下郷への北陸農民の入植は天保9年（1838）年に塚越・小志鳥沢・鬼知顔沢への又兵衛以下4名に始まり、嘉永6年（1853）までにほぼ完了したようである（図8・図10）。その間、名主である滝口権左衛門は天保14年（1843）に、彼ら18名を人別帳に加えられるよう人請願を出している。このことから、新たに入植した農民は一定の期間を経てようやく本百姓として取り立てられた様子が理解出来る。滝口家文書に記載された北陸真宗門徒の志鳥村への移住について、地元での聞き取りを行ったところ、入植の方法は単一ではなく、次の二つの事例が確認できたので簡単に紹介する。

先ずは、地元の名主などの有力者と擬制的な縁戚関係を結ぶ方法である。この方法を志鳥の地元では「わらじぬ

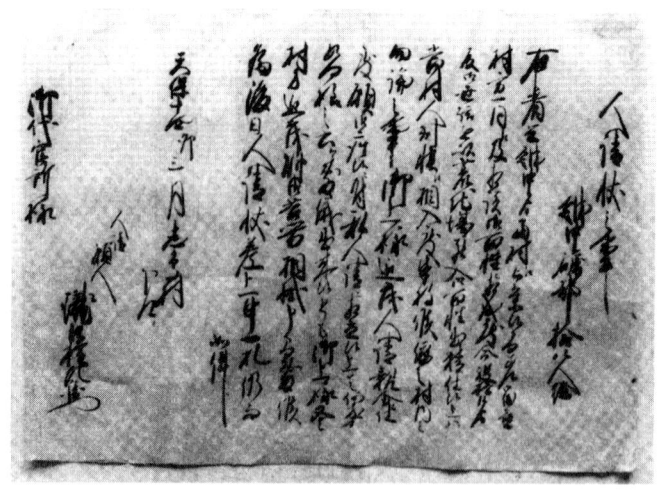

志鳥村新百性取立書付之御事

天保九戌年加賀國より新百性共當村え被参候間
差留置字塚越と申処え又兵衛罷入小志鳥沢え作蔵
罷入同沢惣次郎鬼知顔沢久右衛門罷入候間残之者
追々天保十一年頃より嘉永六丑年迄ニ新百性共
罷入候に付多分に帰農等出精仕候処安政二卯年
御改に付瀧口権左衛門村内取締方勧農役
被仰付右出精に付郷士名目名字帯刀
御免に相成候処安政二卯年御改に付
安政三辰年出精上新百性都合武拾壹軒取立申処
御上納御附御取付に相成但し持山三千六百坪を壹反歩と
相唱へ永三拾弐文小木立三百坪壹反歩にて永拾弐文
萱附同坪一反歩にて永六文御取附御上納被　仰付候間
村方一同承知奉畏候以上

嘉永六丑年十二月

御家中
　勧農中役
同　　志村金次様
同　　龍福衛門様
同　　志鳥新平様
勧農上掛り
　　平野清七郎様

志鳥村下郷
勧農下役
瀧口権左衛門

図8　滝口家文書写真・釈文（志鳥村新百姓取立）

ぎ」とよんでおり、「親分」の家の姓を名乗る場合が認められる。その際、一世代前に地元に入植し本百姓として自立した家に「わらじぬぎ」をさせて貰う事例もあった。天保9年に塚越に入植した又兵衛の子孫である鈴木家の伝承では、又兵衛は妻と二人の息子を連れて加賀を出国し、烏山の慈眼寺に辿り着いたという。そこで、志鳥村中郷の名主である鈴木家（屋号：大明神）に「わらじぬぎ」させて貰い、近くの潰れ屋敷に入植したと伝えられている。一

方、鬼知顔沢に入植した久右衛門の場合は越中国砺波郡野原村の出身で、天保の大飢饉の際に関東移住を決意し、関東の真宗寺参りと称して通行手形を得、最初は常陸国の岩瀬に至り、その後で、先に志鳥村に砺波郷から移住しており、2代目となっていた笹﨑家に「わらじぬぎ」させて貰い、笹﨑を名乗ったと伝えられており、後者の例である。

　二つ目は、商業資本が介在する新田開発の形式を取るものである。岩川の両側に広がる、志鳥村の本村から一筋東側に位置する小志鳥沢への入植が該当する。これは新たな開墾地へ入植した事例であり、瀧口家文書（図8）によれば次郎右衛門以下九名が入植している。小志鳥沢の土地は元来、烏山の商人である井波屋（越中國出身）の所有する荒地であったが、慈眼寺住職の勧めによって同郷から移民して来た農民に分け与えられたという。坂井氏は井波屋による養蚕農家の育成を、入植の背景として示唆しているが、興味深い指摘である（坂井誠一「越中門徒の北関東移住」）。図10は小志鳥沢に入植した家々の分布を示したものであるが、屋敷が一定の間隔で谷筋に並ぶように配置されており、計画的な開発が行われたことが一目瞭然である。屋敷

居士俗姓森林氏名作蔵文化五年五月生加州
珂北郡田島村天保四年当国烏山領中山村
開荒蕪之地居数年同九年移志鳥村開拓山野
具当辛苦遂作家産尓来励業多年如乃乃拠
氏興業者有與助華領主賞其功後亦為香華院
世話方明治十二年十二月以病没享年
七十又二氏挙九児早失其六乃請中山村高森
太平二男作平配長女幾久以乃為嗣子実安政七
年之冬也作平亦継父志能修業増産常節身供
公乃至今日運云爾

此澤開拓之
創業者也

石工
大貫義之

図9　森林作蔵墓誌拓影・釈文

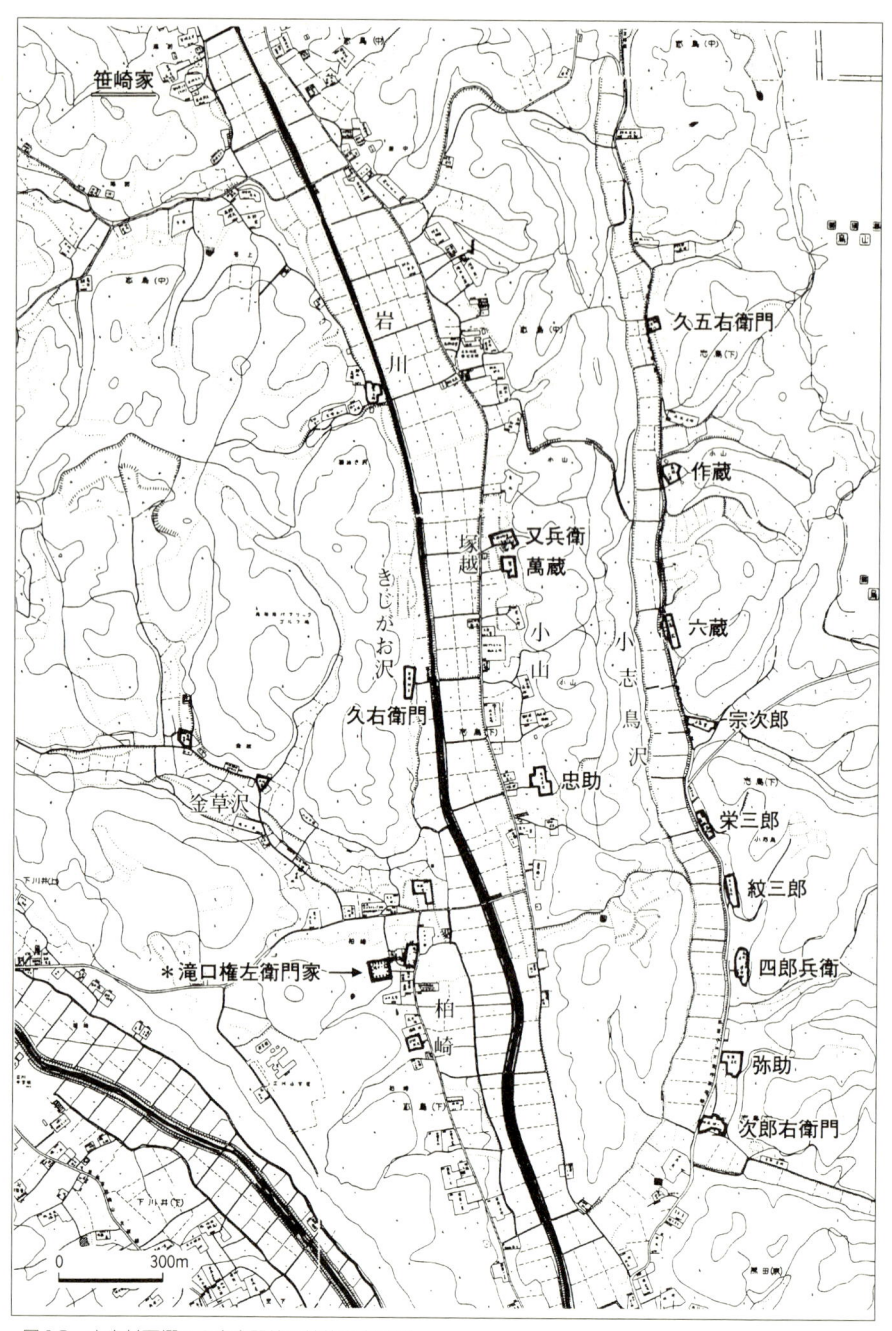

図10　志鳥村下郷への真宗門徒入植状況（太枠）

の西側には水田が順に並んでおり、耕作に当たって極めて利便性に富んでいる。こうした景観は一筋西の伝統的な志鳥村のものとは大きく異なっており、砺波地方など北陸地方の散村景観と共通するものであり、実に興味深い。

なお、彼らは「わらじぬぎ」による入植では無かったため、各姓を名乗るにあたっては、世話になった井波屋の名前（森姓）に由来する「森林」や「森川」、故郷の出身地の村名に由来する「小島」・「柴野」や「池尻」などを名乗ったと伝えられている。この結果小志鳥地区には、従来の地元には見られない独自の姓が生まれている。

こうして荒れ地や新開地が「新百姓」を加えた農民達に与えられた（上野2003「烏山藩領志鳥村における浄土真宗移民についての基礎的研究」）。その結果、わずか10年ほどの間に志鳥下郷では21軒の「新百姓」が創出され、3年先の持山・小木・萱附の税負担額を約束できるまでに農村の復興がなされたのである。それらの功により瀧口権左衛門は、郷士名目名字帯刀御免として、藩から厚く褒賞されている。

5．移住先での信仰と民具

こうして新天地に入植した北陸地方出身の浄土真宗門徒達であったが、浄土真宗の教えを深く信仰する姿勢に変わりは無かった。浄土真宗では、宗祖親鸞聖人の命日である1月16日に本山や各寺で行なわれる「報恩講」だけでなく、各家でも「お取越報恩講」とか省略して「お取越」と呼ばれる法要が行われている。真宗門徒にとって「お取越」は家庭における最も重要な法要であり、他宗に比べて荘厳な仏壇の掃除を入念に行った上に、お飾りをして執行される。「お取越し」の場では正信偈（草譜）と、御和讃の中でも一番ありがたいとされる「五十六億和讃」が唱和される。寺の報恩講には家族そろって参拝し、お斎をいただき本堂に座り、最低でも一座の法要とお説教を聴聞す

図11　正信偈

ることが門徒としての務めとされてい
る。こうした信仰を各家々で守り継い
できたことが重要であり、他宗に比べ
て信徒間の繋がりが強い印象がある。
なかでも婚姻に関しては、その傾向が
顕著で、聞き取りの範囲では、江戸時
代末に移住して以来、原則として浄土
真宗門徒間での結婚が一般的であり、
この原則が緩んだのは、戦後になって
からのことである。

　以前の浄土真宗門徒に関する著作を
読むと、入植地で差別されたという記
述が多数ある。その原因について地元
で聞き取りを行ったところ、教義や生
活習慣などではなく、最も違和感を覚
えたのは死者の火葬であり、野辺で遺
体を焼く行為と臭いだけは馴染めな
かったという話が多かった。

　信仰以外にも、入植者が北陸地方の
伝統的な道具を使い続けていた貴重な
例が残されているので紹介する。図
13は、小志鳥の森林家からの寄贈品

図13　北陸系のコモフグリ（旧南那須町歴史民
俗資料館蔵）

である。タワラやコモを編むための錘
で、「コモフグリ」とよばれている。形
状が北関東地方のものと大きく異なっ
ており、北陸系の民具であることは一
目瞭然である。材料はカシの木を用い
ており、色調は褐色で使用痕により光
沢がある。丸太を高さ16cmほどの円
筒形に切り、それを縦にミカンの房状
に8分割して周辺部を整え、最後に中
央部に紐通し用の穴が穿たれている。
コモ編みに使用する際には、横糸とな
る萱や藁を交互に縦糸となる縄を吊り

図12　コモ編みの様子

下げ2個1対で使用する（図12）。同時に製作され使用されたと推定される8点の錘具の重量は230g～270gで、平均は253gである。これを砺波市歴史民俗資料館に残されている「ツチノコ」と呼ばれる同型式の錘と比べると、砺波の方は全長が約16cmと同じ型式なのに、重量が250g～450gと大きい。この差を、編む対象物の差と考えるのか、個人の体格による差なのかについていは、今後、類例を比較した上で判断する必要があろう。

6. 浄土真宗移門徒の移住と近世窯業

（1）志鳥焼と小砂焼

　江戸時代後半の時期には、地方においても金銭的に余裕のある商人や名主層の百姓を中心に、商品経済の発達に便乗することを目的とした多様な生産活動が活発化している。旧烏山藩領や旧水戸藩領である南那須地域も例外ではなく、伝統的な商品作物としては煙草や紙が知られていたが、近世後半には新たに酒造や製糸さらには窯業などが開始されている。

　現在の栃木県にあたる下野の地において、近代以前から継続して操業されてきた窯業の産地としては、芳賀郡の益子が全国的に有名である。当時は黒羽藩領であった益子で、大塚啓三郎によって窯業が開始されたのが嘉永5年（1852）のことであるが、同じ頃に烏山藩領の志鳥と水戸藩領の小砂で窯業が開始されたことは意外に知られていない。

　小砂焼については江戸時代後期に水戸の徳川斉昭（烈公）が殖産興業を目的として御用窯として開始されたのを嚆矢とするが、その趣旨に賛同した小砂の庄屋藤田半三郎は屋敷内に築窯を決意、志鳥村の鈴木窯の職人であった斎藤栄三郎に協力を求

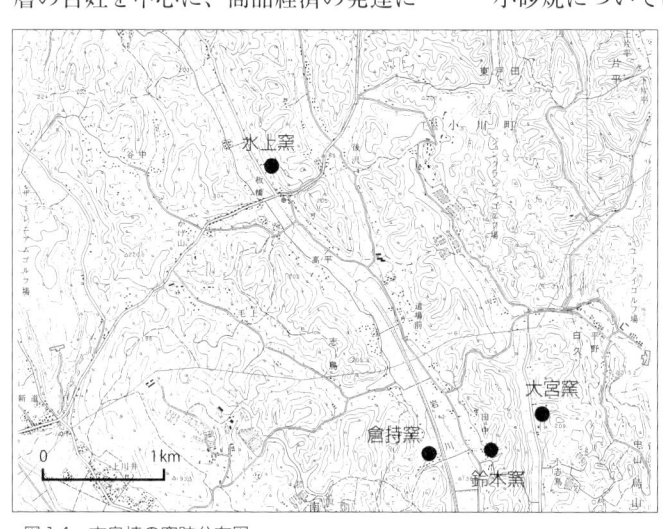

図14　志鳥焼の窯跡分布図

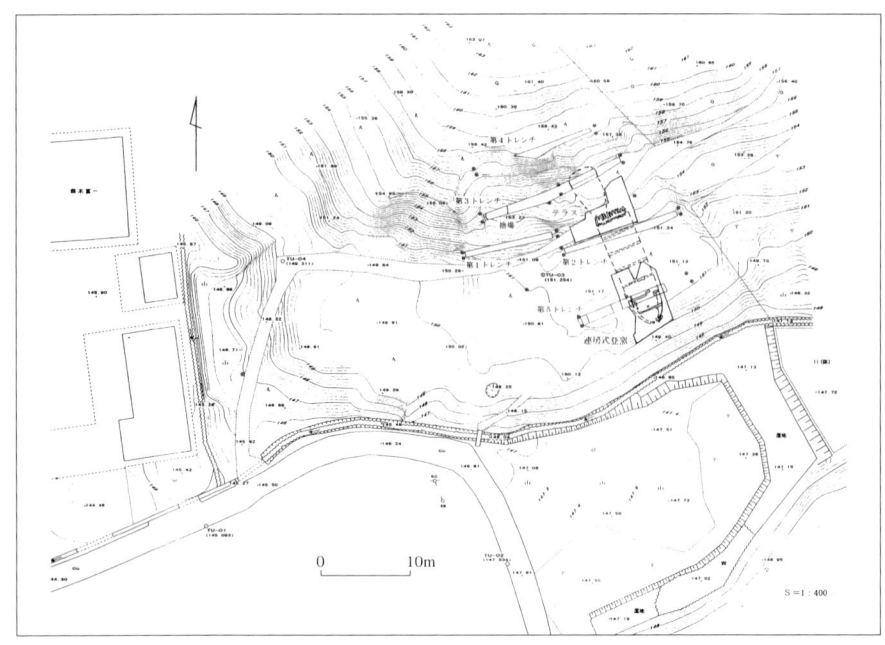

図15　鈴木窯跡周辺地形図

め築窯に成功した。その縁により、栄三郎は藤田半三郎と養子縁組を行い、松並の地に屋敷地と山林を分与されて分家扱いとなり藤田半平と名乗った。安政末年の頃、現在の藤田窯の地である松並に自らも築窯し、その後は近代産業として発展し現在に続いている。この辺の事情については大川清博士の研究に詳しい（大川清1985〈昭和60〉参照）ので省略するが、ここでは現在では幻になってしまった近世の志鳥焼と真宗門徒との関わりについて紹介する。

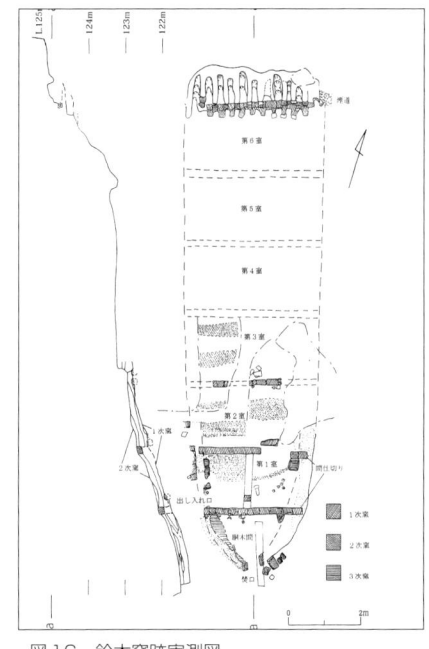

図16　鈴木窯跡実測図

(2) 幻の「志鳥焼」

　鳥山藩の志鳥村では、江戸時代末から明治時代にかけて4カ所の窯が創業していたことが伝えられている。伊藤武治はこれらを総称して志鳥焼とよんでおり、本書でもそれに従うことにする。4カ所とは図14に示した鈴木窯、大宮窯、水上窯、倉持窯である。いずれも明治時代には廃窯になっており、具体的な操業に関する記録類などが失われている現在、当時の様子については不明な部分が多い。ここでは、民窯としての小砂焼の基礎を築いた斉藤栄三郎（後の藤田半平）の顕彰碑の撰文（図19）を基本としつつ、地元での調査内容を加えて紹介したい。

　まずは志鳥焼であるが、地元では大宮久三郎と斎藤栄三郎が鈴木窯で一緒に働いていたと伝えられていることから、鈴木窯が最初に構築されたと考えられる。久三郎と栄三郎（後の藤田半平）とはその後も通婚による縁戚関係を保っており、強い人間関係がうかがえる。志鳥の四窯のうち大宮窯を除いた三者は地元の資本家の開窯であり、農間渡世として製陶業に参加したものと考えられる。

　なお、筆者は県立文書館勤務時代に近代産業に関する史料所在調査の一環として、平成16年度に鈴木窯の発掘を実施したことがある。今回、那須鳥山市教育委員会の御厚意により実測図と写真掲載の許可をいただいたので、その概要について紹介する（口絵、図15〜17）。

①鈴木窯

　窯跡は鈴木富一家（旧志鳥村中郷名主）の東方の山林内に位置している。当初、分家の忠兵衛が窯元として経営に従事していた。窯場は南面する丘陵の裾部を削って平場として窯・細工場・母屋が配置され、原料の粘土は南東側に接する澤の奥から掘り出したと伝えられている。今回の発掘調査では連房式の窯跡が確認され、その規模が明らかになった。窯は上部の構造部分の大半が既に失われ、ほぼ床面だけが残された状態であったが、幸い焚口から焼成部の一部と煙道の端部が確認できた。それによると全長は13.2m（43.6尺）、幅は約2.7m（9尺）、煙道部の幅は約3.5m（11.6尺）で、焚口に近い方から煙道の方に向かってやや幅が広くなる登窯である。この形式の窯は、薪をくべる大口のある胴木間と最上段の煙道の間に、製品を詰める房（間・室）とよばれる部屋が階段状に区画されて連なることから、連房式登窯と呼ばれている。残されていた1・2室から房の奥行きは1.3〜1.4mで

第1・2室と土層断面（東から）

焚口・燃焼室（南東から）

煙道部と土層断面（南東から）

捨て場（南から）

焼台（捨て場下層）

焼台（捨て場下層）

焼台（捨て場中層）

天井用煉瓦（捨て場中層）

狭間穴用煉瓦（捨て場中層）

Ｖ字切焼台（捨て場中層）

図17　鈴木窯跡の発掘状況と出土した窯道具類

あり、鈴木窯の場合は6房あったと推定される。房は煉瓦の障壁で区画され再下段の煉瓦列が残されていたが、実際には壁の下端には狭間と呼ばれる焔の通り道がある。また、煙道に向かって左側（西側）には、各房の製品の出し入れ口があり、詰め終わった後は煉瓦で閉め、焼成後は再び外して取り出すような構造になっている。この窯では房によって幅が異なっており、下から第1房では約70cm、第2房では約50cmであ。この差は詰める製品の大きさによって、房を変えていたためと推定できる。

　また、連房式の登窯の場合、一般的には出し入れ口の下方と反対側の壁の同位置に「手伝い口」と呼ばれる小さな焚き口があり、そこから小割りした薪をくべて追焚きするようになっている。なお、現代の連房式の登り窯と大きく異なるのが製品の詰め方である。当時は床面に砂を敷き詰め、そこに各種の焼台を立て、その上に製品を重ねて焼成していたために多種多様な焼台が出土している（図17）。今回の調査によって鈴木窯は一度大きな造り替えが行われて30〜40cmほど嵩上げされたこと、その後最終的にはに9尺の幅を6尺に狭められて廃窯に至ったことが判明した。出土品には製品の破片

と焼台などの窯道具、煉瓦などの窯の構築材のほか、当時の鈴木窯関連の人物が使用したと考えられる他地域産の磁器や陶器類などがある。従来、県内の窯跡で磁器類などが出土すると、拙速にその窯でも磁器を焼成していたような解説を目にすることがあるが、実物資料の取り扱いには比較研究が不可欠であるべき旨を付記させていただく。鈴木窯で焼かれた製品としては水甕、鉢、片口鉢、擂鉢、壺、灯明皿などの日用品であり、地元の村々をはじめ喜連川や烏山など近隣の町にも供給されたと伝えられている。明治14年（1881）の3月に東京の上野で開催された第2回内国勧業博覧会に鈴木精一郎が大徳利、小徳利、植木鉢、水瓶、茶瓶を出品した記録がある。

　最後に、鈴木窯の廃窯に関しては、社会が不況になった事と、それに追い打ちをかけるような窃盗事件が原因とされている。製品の販売代金のみならず一部に借金を含む運営資金、さらには釉薬調合の帳簿までも6人組の強盗に奪われてしまったと伝えられている。

②大宮窯

　鈴木窯の東方約500m、大宮家の裏手、小志鳥沢に並行して連なる丘陵の西緩斜面に位置する。創業者は大宮久三郎（文化9年生）。久三郎は長男の

図18　藤田半平胸像

図19　小砂陶藤田翁碑拓影（大川清『小砂焼』より転載）

利吉（天保7年生）とその姉ヤス（天保6年生）を連れて、弘化年間の頃に越中国砺波郡高瀬村大字安清から移住してきたと伝えられている。家伝によると久三郎は砺波の地元で既に窯業を習得していたとされており、築窯後も鈴木窯とは親密な交際が続いていたという。大宮窯は二代利吉、三代千代吉、四代撰次と継がれ、明治42・43年頃廃窯に至っている。陶土は住居の北側の山裾から採掘しており、ローム層の間に堆積している粘土（凝灰岩の風化土？）である。釉薬は飴・柿・黒・糠白・茶などが使用され、製品としては大甕、長頸壺、壺、徳利、擂鉢、大鉢、花瓶などの日用雑器や、炭入、薬研などの器種も残されている。なお、大宮家の伝世品のなかで注目されるのが「安政二年七月吉」と呉須で記年銘のある磁器製の供器台である（口絵参照）。志鳥の粘土では磁器焼成は難しいことから、この磁器は、その当時鈴木窯から小砂に招聘されて築窯に携わっていた斎藤栄三郎（後の藤田半平）からの依頼で、小砂の粘土による試し焼きが行われた可能性が高い。今後、小砂で栄三郎が最初に築窯に関わった庄屋窯（くにやま）の捨場などを学術調査し、初期の作品の中にこれと同類の「石焼（磁器）」と呼ばれる製品が含まれているかどうかを確認する必要があろう。

大宮家に関しては、前述した天保14年の古文書（越中砺郡百姓十八人組人請状）に小志鳥沢に久五右衛門が入植していることが記されている。昭和46年頃、同家を始め近所の森林家の子孫への聞き取りを行った地元の郷土史家である上野勝夫（筆者祖父）によれば、この人物と久三郎が同一人物である可能性が高いと記されている。

③水上窯

鈴木窯の北約3kmに位置し、岩川の左岸に南北に伸びる喜連川丘陵の縁辺部、西向きの緩斜面に窯跡が残されている。創業者は志鳥村に最初に入植した水上伊兵衛（大宮久三郎と同郷の高瀬村大字安清、四辻家出身）の息子である四平が、文久の頃現在の地に分家し築窯。四平の妻が大宮利吉の姉ヤスであり、義父の久三郎や義弟の利吉の協力があり、農閑期の収入源として勧められたと伝えられている。陶土は山麓のロームに混じって堆積したものを使用したという。技法や釉薬は大宮窯と同じで、製品としては甕・擂鉢・徳利・皿・火鉢・花瓶なども焼かれている。二代四平（安政6年生）が後を継いだが病弱であったため続かず、明治37・38年頃に廃窯になった。

④倉持窯

鈴木窯と岩川を挟んで対岸にあたる志鳥の田中地区で、南北に延びる丘陵上の東向き緩斜面に築窯されていた。資産家の倉持家が鈴木家の協力の下で始めたものと言われているが、詳細は不明である。

（2）小砂焼

①藤田窯

志鳥村の鈴木窯に居た斎藤栄三郎は天保11年（1840）常陸国宍戸の山口勘兵衛窯にて瀬戸焼を学び、弘化3年（1846）に烏山藩領志鳥村中郷の鈴木窯に至り作陶する。嘉永7年（1854）9月に水戸藩領小砂村の庄屋である藤田重衛門・半三郎父子によばれ、瀬戸場の造立と操業を承諾した。安政3年（1856）小砂での焼成に成功。その際の記念として焼かれた半磁器の四方壺が現在も東京国立博物館とボストン美術館に伝えられている（大川清：前掲書）。

6．北陸浄土真宗移門徒の定着

真宗門徒が入植した地域の産業振興に果たした功績について、地理学的な方面からも積極的に評価しようとする研究がある（小野寺淳1979〈昭和54〉）。図20は同氏が東関東へ移住した北陸農民の移住村落と浄土真宗寺院の広がりを示したものであり、旧常陸国の南

西部から下野国の東部に、広範囲に亘って入植が行われたようすがわかる。那須郡では那須烏山市を中心に那珂川町、大田原市、那須塩原市に広がっている。

各地に入植した浄土真宗門徒たちは、間もなく明治維新を迎えることになった。彼らが、その後どのような暮らしを送ったのか。今回、市町村史や聞き取りで得た事例を紹介し、まとめに代えたい。烏山藩領志鳥村の事例では水上家の分家と大宮家が窯業に携わったことは前述したとおりである。

近代になり、水上家の本家は山林と農地を買収し新興地主へと成長し、分家は地元の資本家と協力して肥料商を

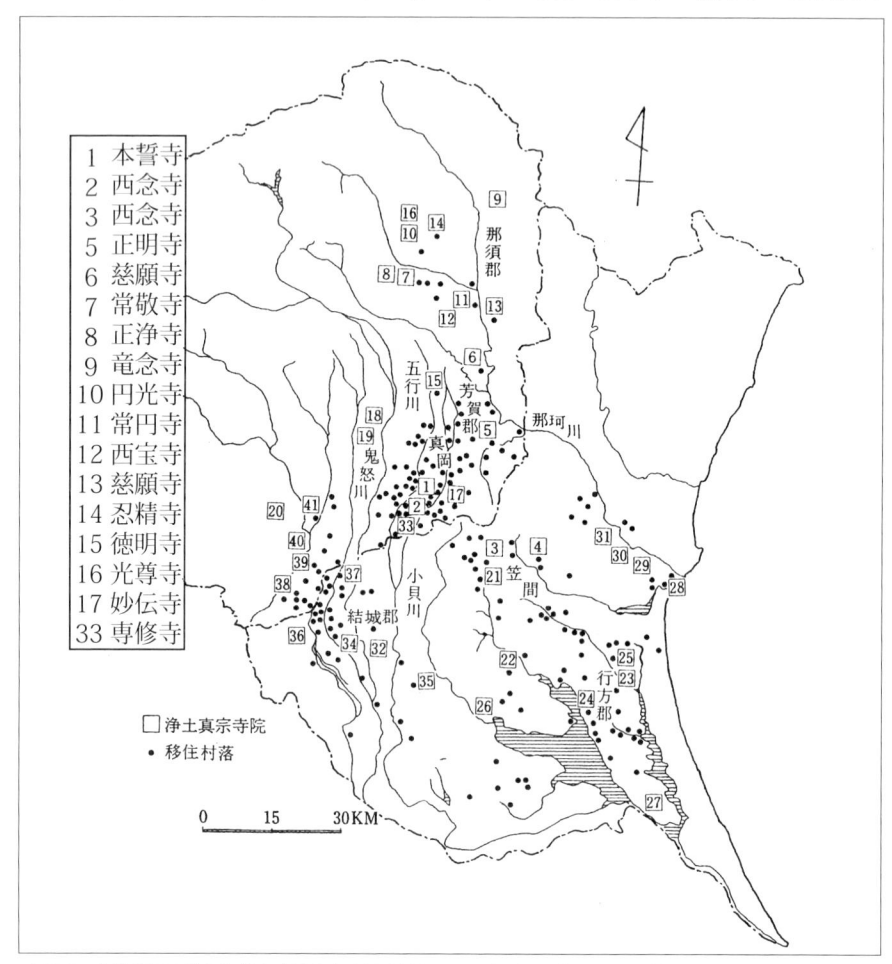

図20　北陸農民の移住村落と寺院分布（小野寺淳1979〈昭和54〉を一部改変）

営み、那須郡や塩谷郡に販路を広げた。笹﨑家は山野の土地を購入し豪農へと変貌、大正時代には郡議会議院を出す家となっている。

　現代においては、森林家は大規模酪農家、鈴木家、森川家は整備工場を経営するなど、総じて地元の農家と比較して経営感覚に富んでいるとの印象がある。ほかにも、果樹園や花卉栽培といった商品作物の生産に携わる家も多く見られる。他地域の市町村史でも共通して指摘されているのが、真宗門徒の優れた経営感覚であり、勤労意欲の高さと宗門間での連帯意識の強さである。こうした傾向は、彼らの出身地域である砺波郡が江戸時代において北陸地方を代表する養蚕の産地であったことや、西日本の農村が、商業との結びつきが強いことに起因すると想定されるが、今後も継続して研究していきたいテーマである。

　夕陽に染まる、小志鳥地区に入植した祖先の方々の墓碑を見上げるとき、筆者はそこに開拓者の精神を深く感じる一人である。時代は変わっても、良き伝統が次世代に繋がり、それが地域の発展の糧になればと願っている。

参考文献

五來　重「北陸門徒の関東移民」史林　第33巻第6号　史学研究会　昭和25年

日向野徳久「第七章真宗教団の農民教化」『栃木県教育史』第2巻　栃木県教育史編纂委員会　昭和32年

高柳真三・石井良助（編）『御触書天保集成〈下〉』岩波書店　昭和33年

坂井誠一「越中門徒の北関東移住」越中史壇　第24号　越中史壇会　昭和37年

福光町史編纂委員会『福光町史　上巻』福光町　昭和46年

『栃木県史』史料編　近世三　栃木県　昭和50年

小口芳夫「第三編近世」『烏山町史』烏山町史編集委員会　昭和53年　烏山町

小野寺　淳「北陸農民の北関東移住」『歴史地理学紀要』第21号　歴史地理学会　昭和54年

大川清『小砂焼』日本窯業史研究所　昭和60年

伊藤武治『栃木の廃窯を訪ねて』（私家本）昭和63年

砺波市史編纂委員会『砺波市史史料編　2　近世』砺波市　平成3年

藤田　覚『松平定信―政治改革に挑んだ老中』中公新書　平成5年

黒板勝美『国史大系統徳川実紀』第1篇　吉川弘文館　平成11年

上野修一「烏山藩領志鳥村における浄土真宗移民についての基礎的研究」『栃木県立文書館研究紀要』第7号　平成15年

佐藤常雄・大石慎三郎『貧農史観を見直す』講談社現代新書　平成7年

村上　直「江戸幕府の代官群像」同成社江戸時代史叢書　平成9年

菊池勇夫『飢饉から読む近世社会』校倉書房　平成15年

竹内誠『寛政改革の研究』吉川弘文館　平成21年

那須地域を結ぶ鉄道
東北本線と接続する鉄道・軌道

金井　忠夫

1. はじめに

鉄道は、「第二の維新」といわれるほど、近代日本において画期的なものであった。一方で、「鉄道は儲かる」という意識が広がり、敷設計画に拍車をかけた。

栃木県においては、現在の東北本線である日本鉄道会社奥州線は、陸羽街道（現国道4号）とともに、栃木県の背骨として県中央を縦断する。近世に栄えていた城下町や宿場町は、こぞって幹線である東北本線につなげて行く。地域の衰退の防波堤役として鉄道が担い、地域の活性化を図った。これは、那須地域においてもしかりで、大田原や黒羽から東北本線への接続が試みられた。那須地域ではもう一つの特色を示す。それが、温泉地、塩原・那須への鉄道敷設であった。

2. 奥州線の開業と那須地域

(1) 日本鉄道会社と奥州線

明治政府は、明治5年（1872）に新橋―横浜間の鉄道敷設を、外国の圧力をはねのけて日本の手で行う。

工部省は、かねてから横浜につなぐ東京―高崎間の鉄道建設を計画していたが、西南戦争後の物価上昇や政府の財政難により、東京―高崎間の鉄道建設は断念される。

これにより、鉄道の私鉄計画が大きく動き出し、華族の間に鉄道敷設が企画される。政府の利益保障とともに、鉄道の有効性を熟知していた沿線の県令（県知事）たちは、こぞって賛成の意を表した。

岩倉具視は、実施に当たって士族の実行能力と華族銀行である第十五国立銀行グループのスタッフを結びつけることにより、事業を確実なものとしていった。創立準備のための事務所は岩倉邸の産所が当てられ、明治14年2月20日16人の首唱発起人が定められた。その筆頭は右大臣岩倉がなり、蜂須賀茂韶・伊達宗城・万里小路道房・藤波言忠・武者小路実世・大久保利和の各華族などであった。

こうして、日本鉄道会社創立委員池

田章成ほか461名の連署による「鉄道会社創立願書」が提出された。同年11月11日「日本鉄道会社特許条約書」が下付された。これにより、わが国最初の私鉄鉄道会社が誕生したのである。

明治14年12月6日、東京芝紅葉館において臨時総会が開かれ、理事委員（重役）を選出した。この日選ばれた理事委員は18名で、そこに栃木県選出の矢板武（1849〜1922）がいた。しかし、矢板は翌年理事委員を辞職している。その理由は、第二区線の路線決定に会社と合わなかったものと思われる。第二区線は、現在の大宮分岐案と、熊谷分岐案とがあり、矢板は熊谷から分岐して足利・栃木を経由して宇都宮へ達する路線を提唱していた。二区線問題は、栃木県にとって重要な問題であり、このことが両毛線敷設へとつながる。

写真1　理事委員となった矢板武（『那須野ヶ原』より）

(2) 日本鉄道奥州線の路線

「日本鉄道会社定款」には、東京から青森までの工事を第一区線（東京—前橋間）、第二区線（一区線途中—白河間）、第三区線（白河—仙台間）、第四区線（仙台—盛岡間）、第五区線（盛岡—青森間）の5区に分けていた。

図1　日本鉄道会社の鉄道特許条約書・定款（那須野が原博物館所蔵）

ところで、当初考えられていた栃木県北から白河までの路線は、現在とは異なる。「高嶋嘉右衛門東京青森館測量絵図」が大宮の鉄道博物館に所蔵されている。本文は小野友五郎（1817〜1898）が、明治5年（1872）に東京—青森間を踏査・測量した際の図の写しである。路線は、宇都宮—白沢—氏家—喜連川—佐久山—黒羽—鍋掛・越堀—芦野—白坂—白河と続く。明治政府は当初奥州道中沿いに敷設する予定であった。ただ、この図では大田原を通らず、黒羽に迂回するように路線が描かれており、興味深い。

　日本鉄道会社の第二区線は、前述のとおり大宮から分岐し工事が進められ、宇都宮は明治18年（1885）7月16日に開業し、続いて明治19年10月1日矢板駅と那須（現西那須野）駅が開業した。

　那須駅の位置については、奥州道中沿いの大田原側の運送業者の反対と密集地を通過することの困難さがあった。一方で、開拓地としてまだまだ拓かれていない土地に鉄道を敷設することは容易なことであった。さらに最新情報の入手と先見性のある元勲の誘致によるところが大であろう。つまり、那須駅（現西那須野駅）は、旧加治屋開墾場地内に位置しており、すでに海外留学や視察の経験のある大山巌にとってみれば「駅ができるところには都市ができる」ということは、把握していたであろう。事実、農場経営の中で、駅周辺の土地の地代を収入としていた。また、戦時の際の物資輸送を鉄道が担うということからも、陸軍大臣としての大山の力は大きかったものと思われる。こうして、那須駅は加治屋開墾場地内の永田（那須塩原市永田町）に設置が決まった。

　また、三島文書には三島通庸が烏森（現那須塩原市烏が森）近くの国道4号沿いに駅を計画した記録がみられる。

　線路敷の買収に当たっては、那須開墾社・肇耕社（ちょうこうしゃ）・加治屋開墾場・郡司開墾等の開墾地では、払下げ完了地は政府が買上げ、未払下げ地は官有地であるため、貸下げ地返却の形を取った。このため、那須駅の敷地は、加治屋開墾場内にあり、払下げを受けていなかったため国に返却されたようである。

　那須駅は、10月1日開業するが、当日の那須開墾社「農業日誌」には「本日鉄道開業、午后一時頃俄ニ松方大蔵大臣鉄道ニテ御出、烏ヶ森御臨ニ相成候趣（以下略）」とある。

　所要時間は、明治20年3月の時刻表には、宇都宮駅まで1時間23分、上野駅まで5時間13分を要したとある。ちなみに、宇都宮駅まで42.2km・上野駅148.1kmの距離である。

　那須（西那須野）駅が開業すると、駅前にはさまざまな店が立ち並ぶようになる。その中で、川島屋と大和屋が駅前に陣取り、旅館業だけでなく、塩原温泉の人力車や自動車営業を営んだ。ほかにも旅館業を営むものや、運送業として野州商会、西那須野郵便局、大田原銀行西那須野支店が開業し、活気を呈して行く。

　ところで、現在の西那須野駅構内上り線のプラットホームの屋根の支柱に

は数種のレールが使われている。その中に、「UNIO D 1885 N.T.K.」と刻印されたレールがあり、ドイツのウニオン社のレールが使用されていることが分かる。奥州線のレールは、イギリス製といわれる中で、宇都宮―白河間は、ドイツ製のレールが使われていた。ドイツ翁といわれた青木周蔵が那須野が原に農場を持つが、その影響力があった可能性は高い。

　乗降客の推移をみると、明治20年で1日73人であったものが、大正9年（1920）で549人、昭和21年（1946）

写真2　西那須野駅のプラットホームの屋根の支柱に使われているレール

で2,890人となり、ピークは昭和45年の4,664人であった。平成28年（2016）の乗降客数は3,687人である。

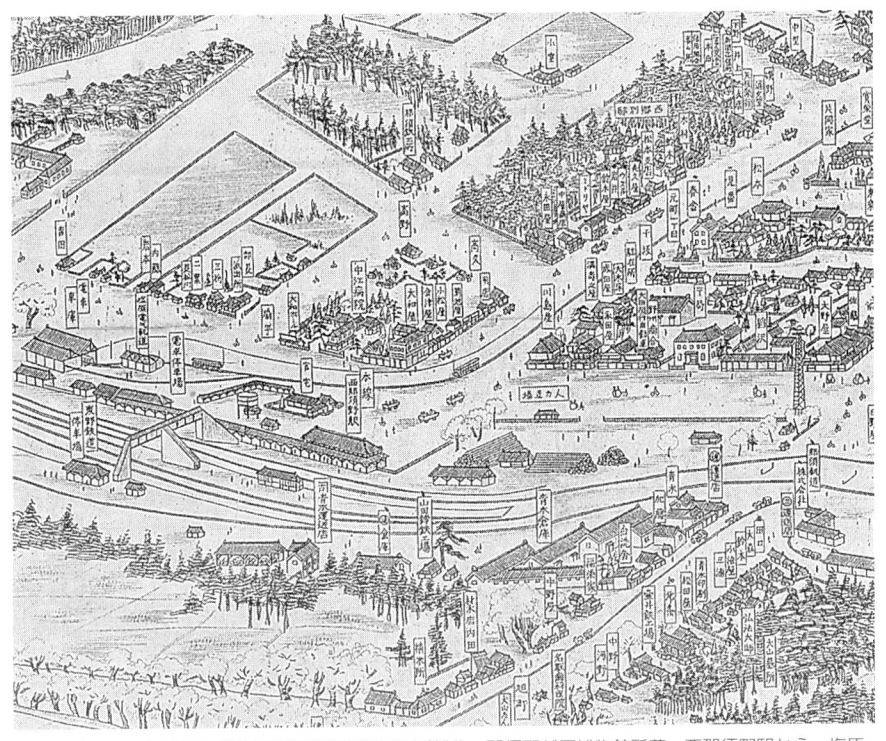

図2　大正14年発行の「栃木県西那須野駅真景」（部分、那須野が原博物館所蔵　西那須野駅から、塩原電車・那須軌道・東野鉄道の路線が延びる

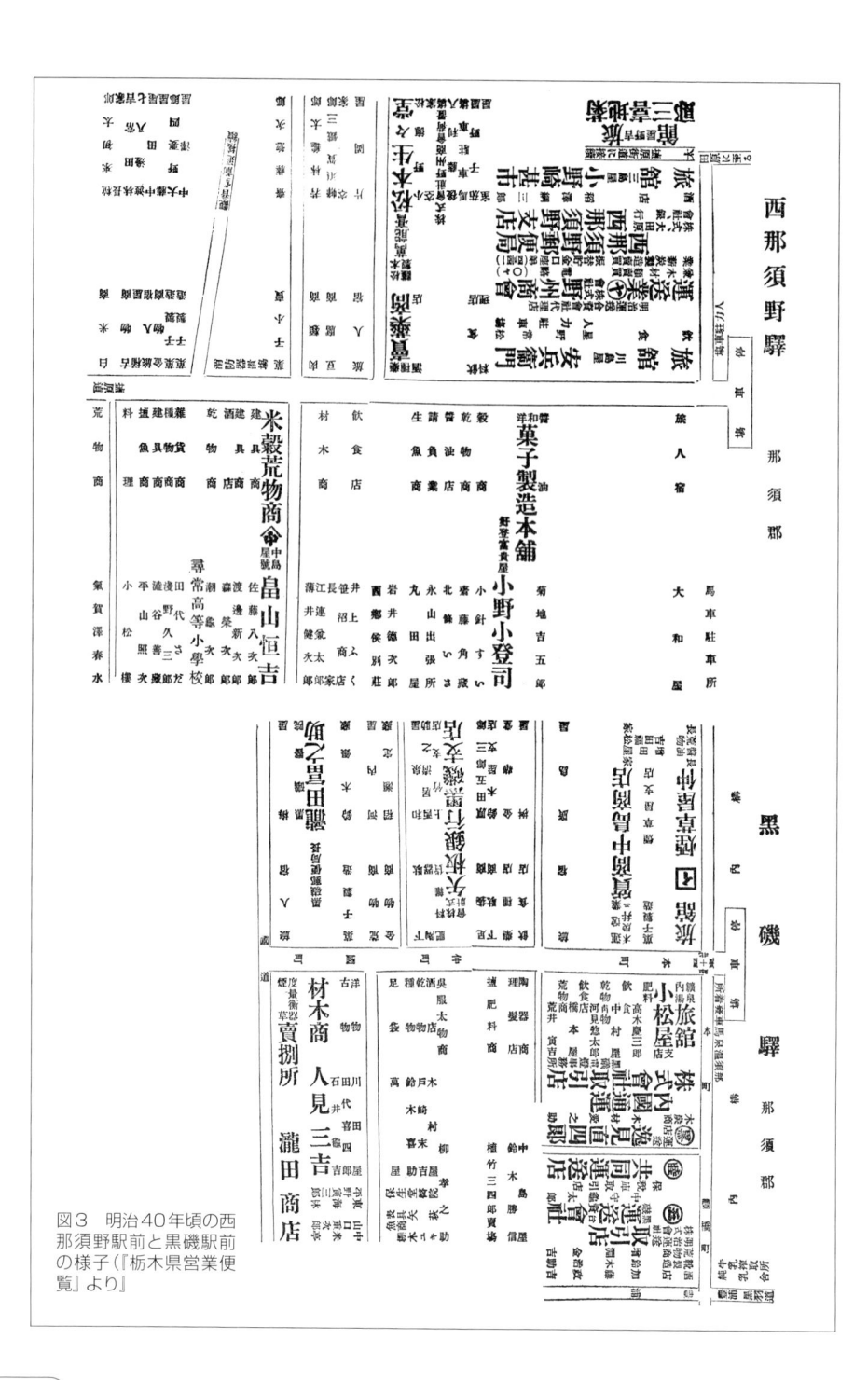

図3　明治40年頃の西那須野駅前と黒磯駅前の様子（『栃木県営業便覧』より）

（4）黒磯駅の開業

黒磯駅は、明治19年（1886）12月1日に開業する。当初計画された駅の位置は那珂川北側の菖蒲ヶ沢（現那須町高久甲）であった。しかし、黒磯村は村を挙げて駅の誘致運動を行い、その結果黒磯村地内への駅の設置が決定した。位置としては、当時の黒磯村の集落から南へ700〜800m離れた山林および原野地であった。

第二区線のうち宇都宮—黒磯間の工事は明治19年3月に着手し、12月1日に那須—黒磯間が開通し、同時に黒磯駅が開業した。黒磯駅前も急速に発展し、駅前には煙草屋と那須温泉の小松屋が支店を出し、旅館とともに那須温泉行きの自動車営業を始める。

乗降客の推移は、明治20年で1日72人であったが、大正9年で354人、昭和26年で1,447人。ピークは昭和47年4,830人となる。ちなみに、平成28年の乗降客数は1日2,278人である。

なお、平成30年1月2日をもって、交流と直流の電流の切り替えを「地上式」から「車上式」に移行された。

黒磯駅の開業とともに、駅には機関庫と保線区が設置された。丘陵の多い黒磯—白河間に備えて設置されたもので、この区間は勾配が急なため、機関車2台で牽引しなければならなかった。

当時の機関庫は、現在の5番線ホームあたりにあった。附属施設として鍛冶屋のほかに、今の変電所付近にに貯炭場が設けられ、その近くに石炭の燃えカス（アス）を捨てたアス山があり、当時の駅の風物であった。また、機関庫には転車台（ターンテーブル）も設置されていた。機関庫には14輌の機関車が配置され、列車の牽引のほかに機関士の運転訓練や試験にも使われていたという。なお、黒磯機関庫にあの弁慶号が一時保管されていたことは、鉄道関係者の間では有名な話である。

写真3　大正初年の黒磯駅構内（高木慶一氏提供）

写真4　北海道で活躍していたころの弁慶号（明治13年）（北海道大学附属図書館提供）

しかし、大正9年（1920）11月に黒磯—白河間の路線変更が行われ、直線化され勾配が緩やかになると、黒磯機関庫は不要となり、大正10年4月11日に機関庫は白河駅に移転された。また、矢板駅から泉崎駅までを管轄していた黒磯保線区も同年12月1日に同じく白河駅に移転した。

黒磯駅は、木炭と枕木が全国的にも有数な積出し駅であった。薪炭は県内でも那須地方が多く、積出し駅として西那須野・黒磯・黒田原駅が担った。

また、枕木は黒磯駅前に最初に移住した高木慶三郎により生産された。高木は鉄道建設当時、仙石 貢（せんごくみつぐ）技師に見込まれ、枕木を納入する。当初近隣の民有林の栗材を伐採し製材していたが、需要の増大により那珂川上流にまで、さらには福島・宮城県にまで用材を求め、全国一の枕木業者となった。写真4では黒磯駅前におびただしい数の枕木が出荷を待っている。

写真5　黒磯駅前の大量の枕木（昭和10年）（高木慶一氏提供）

（5）那須駅の名称変更

那須地域の駅名の変更は、「那須」駅から「西那須野」駅と、「豊原」駅から「下野豊原」駅の2駅である。豊原駅は台湾と樺太に同名駅の駅ができたためで、戦後またもとの豊原駅に戻った。

那須駅から西那須野駅の駅名の変更は、明治24年（1891）5月1日に行われた。明治13年に那須開墾社が創立し、この開墾地が明治18年2月に那須野村とし開村した。そして、町村制施行により明治22年4月1日那須野村が西那須野村となる。蛇尾川を挟んで東側に東那須野村が開村したため、西側に位置する那須野村に西を冠したといわれる。今まで、村名の変更により駅名が変更されたと言われて来た。

しかし、鉄道博物館所蔵の鉄道院（省）文書の「明治二十四年　日本鉄道会社事務書類　鉄道局」より、那須駅から西那須野駅に改称する文書を発見した。この文書は、明治24年3月28日付で日本鉄道会社社長奈良原繁より鉄道庁長官井上勝に出されたもので、那須郡那須村の箭田源太郎外7名が請願し、併せて那須郡長の照会もあり、この申し出が受理され、約1カ月で駅名変更となった。駅名の変更については、今までにほとんど行われたことがなく、非常に稀なケースであった。

（6）箒川列車転覆事故

明治32年（1899）10月7日、栃木県は朝から台風による暴風雨が吹き荒れていた。午前11時上野発福島行きの375列車が1時間遅れで宇都宮を出発し、矢板の土屋トンネルを出て箒川鉄橋に差しかかったときに強風にあおられ、機関車と貨車の連結が外れ、脱線した貨車が横倒しとなり、川に転落し、続いて客車も川に落ちてしまった。

日本鉄道会社は、医師や看護婦を集めて現地に急行させ、負傷者は、まず西那須野駅前の大和屋・川島屋に収容され、翌日負傷者全員を臨時列車で宇都宮の県立病院に移送させた。

結果として、死者19名・重傷者6名・軽傷者32名もの大事故となった。

事故の記録は、自身も遭遇した田代善吉により『箒川鉄橋汽車転覆始末』が、同じく体験者であり狩野村長の田嶋董による『箒川遭難実記』がある。

写真6　箒川鉄橋沿いにある犠牲者を悼む供養碑

（7）東北本線の県内の路線変更

栃木県内における東北本線で大きな路線変更は、宇都宮—矢板間である。開通当初から東鬼怒川・西鬼怒川は洪水のたびに橋梁に被害を与え、復旧に巨額な費用を費やしていた。明治28年（1895）に工事が開始され、明治30年2月25日に氏家駅が開業した。鬼怒川の河岸段丘上を通過することで、河川の氾濫から鉄道を守ることができるようになった。

那須地域においては、黒田原—豊原間の路線変更があげられる。東北本線は、明治38年の奥羽線、大正3年（1928）の磐越西線、そして大正6年の磐越東線の開通により、郡山以南の輸送量が急激に増加し、山越えの難所である黒磯—白河間の路線変更が計画された。新しい路線は、黒磯より直線状に旧線の東側を通り、黒田原からは旧線の西側を並行するように敷設され、黒田原駅と豊原駅が移転された。

写真7　現在の東北本線と交差する旧線路跡の道

3．那須地域に計画された鉄道

（1）東北本線と繋がる那須の鉄道・軌道

　鉄道が第二の維新といわれ、また儲かるものとして、人々の目に映ることにより、多くの鉄道計画が立案されては消えて行った。那須地域においても例外ではなく、立案された計画は約20路線に上り、そのうち不許可が11、開業できなかった路線が5、開業した路線が4であった（表1参照）。表を見ると明治20〜30年代は不許可が多く、明治40〜大正年代に開業路線が多い。それ以降の開業はない。

　那須地域において、東北本線を幹線として、そこに接続された路線は、西那須野から大田原までの那須人車軌道（那須軌道）、塩原温泉への観光鉄道としての塩原軌道（塩原電車）、西那須野から黒羽、そして那須小川まで延長された東野鉄道がある。烏山線を除けば、西那須野駅から発している。

　那須地域の鉄道敷設の特徴を見ると、栃木県を縦断する東北本線の北西側に温泉地・観光地の塩原温泉・那須温泉があり、間に板室温泉がある。これらの温泉地を結ぶ鉄道がみられた。

　一方、南東側の地域は、近世において栄えた那須の中心であった大田原や黒羽が位置する地域である。那須地域の鉄道はこの二つのエリアに対し、鉄道敷設が行われたのが特徴である。

　奥州線（東北本線）の敷設とともに、明治19年（1886）に開業する那須（西那須野）駅と黒磯駅が那須地域を代表する駅といえる。続いて、豊原駅が明治20年、黒田原駅が明治24年に開業する。幹線である東北本線の駅に、鉄道をつなげる計画が出される。

　まず、温泉地を見ると塩原軌道（塩原電車）により、西那須野駅から比較的平坦な関谷まで敷設される。その後の電車運行により「塩原口」まで延長されるが、温泉街までは到達できなかった。一方、那須温泉にはいくつかの計画があり、那須電気鉄道は工事まで進められたが、結局実現できなかった。那須電気鉄道は、那珂川を避け黒磯駅でなく黒田原駅から計画された。

　南東エリアの大田原・黒羽にも、さまざまな敷設計画がみられた。それは、大正7年（1918）に開業する東野鉄道という地域最大の資本力を持つ鉄道との対決の歴史でもあり、多くの鉄道が敗れ去ることとなる。

　鉄道敷設は、那須地域内にとどまらず、芳賀郡や茨城県を巻き込み、連絡することで、計画路線の価値を高めていった。那須地域の人たちからの出願と東京など外部からの出願が入り乱れながら進行していった。

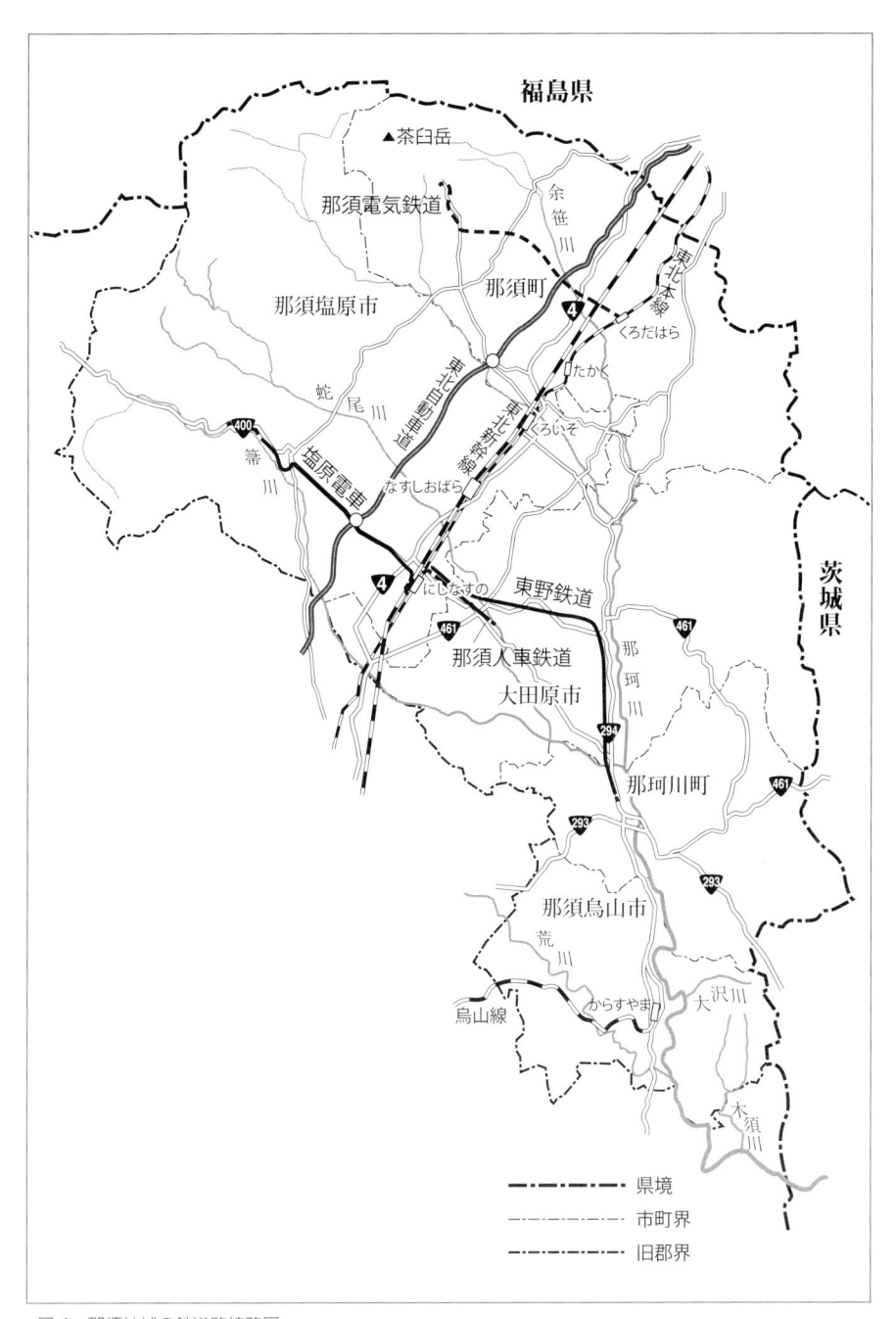

図4　那須地域の鉄道路線略図

表1　那須地域の鉄道・軌道一覧

No.	鉄道名	開業等	年代	記事
1	常野鉄道	不開業	明治27. 7.30 明治31. 6.27 明治35. 5.30	創立願 川島−真岡−烏山間敷設免許状裁可 会社解散
2	那須鉄道	不許可	明治29. 7.28	黒磯−黒羽間、黒羽−烏山間等敷設申請
3	下野鉄道	不許可	明治29. 7.	創立願（黒羽−矢板−船生−日光間）
4	東北鉄道	不許可	明治29. 8.21 明治31. 6. 8	白河−烏山間出願 却下
5	総野鉄道	不許可	明治30. 5.17	却下（市川−小川間、栃木−古河−杉戸間）
6	塩原電気鉄道	不許可	明治34.	関谷−大田原間
7	烏山人車鉄道	不開業	明治34. 3.10 明治44. 3.15 大正10. 1.10	烏山−宝積寺間敷設計画 敷設請願書鉄道院提出 敷設工事着手
8	那須人車鉄道	開業	明治40. 6.22 明治41. 7.13 大正 6. 2. 5 昭和 9. 6.20	西那須野−大田原間特許状下付 大田原−西那須野間軌道新規開業 鉄道馬車に切替、那須軌道と改称 特許取消
9	塩原軌道	開業	明治42. 5.21 明治45. 7.11 大正 9.12. 4 大正11. 4. 9 大正 7. 1.19 昭和10.12. 9	西那須野−箒根間敷設特許願 西那須野−関谷間軌道新規開業 重役会で30万円の増資、電車運転決定 電化開通式 西那須野−塩原口間運転休止申請 運輸営業廃止許可、会社解散
10	烏宝線（烏山線）	開業	明治44. 3.15 大正10.10. 5 大正12. 5. 1	烏山−宝積寺間軽便鉄道敷設請願 烏山小学校で起工式 烏山−宝積寺間軽便鉄道開通式
11	東野鉄道	開業	大正 2. 3. 3 大正 2. 4.19 大正 2. 8.15 大正 7. 4.17 大正 7. 5.19 大正 7. 8.14 大正13.12. 6 昭和 3. 2. 1 昭和14. 6. 1 昭和43.12.15	東野軽便鉄道敷設許可申請 西那須野−大子間、川西烏山間敷設進達 運輸営業免許状下付 西那須野−黒羽間鉄道開業 黒羽駅前にて開通式挙行 黒羽−湯津上−大子間路線延長認可申請 黒羽−小川間延長線開通 ガソリン動力併用開始 黒羽−小川間廃止 西那須野−黒羽間鉄道全線廃止
12	黒羽軽便鉄道	不許可	大正 2. 3.15 大正 2. 8.15	東那須野−川西間敷設許可申請 不許可
13	東那須野軌道	不許可	大正 2. 3.	創立（黒田原−那須湯本間、黒磯−那須湯本間、西那須野−黒羽−西塩原間等）
14	黒羽軽便鉄道	不許可	大正 2. 4.18 大正 2. 8.15	黒磯−川西間敷設許可申請 不許可
15	烏山鉄道	不開業	大正 2. 8. 5 大正 5.10.16	宝積寺駅−烏山間路線敷設願 工事施行認可申請期限延期願却下

No.	鉄道名	開業等	年代	記事
16	那須電気鉄道	不開業	大正　7．9.23 大正　8．8.12 大正15．1.10 昭和13．7.19	鉄道敷設許可申請 寺子－湯本間敷設営業免許状 起工式を黒田原駅にて挙行 工事竣工期限延長願却下
17	野州電気鉄道	不許可	大正　7.10.18 昭和12．9.14	矢板－佐久山－馬頭間敷設認可申請提出 免許取消
18	黒磯軌道	不開業	大正12.11.19 大正13.11.14 昭和　9.10.6	黒磯－高林間敷設特許願 軌道特許状下付 特許取消
19	雲巌寺鉄道	不許可	大正13以降	雲巌寺電気鐵道敷設特許願
20	那須軌道	不許可	昭和　2．2.1 昭和　4．3.29	黒磯－那須湯本間敷設申請提出 那須軌道敷設願却下

※他に、大田原－西那須野－関谷間の馬車鉄道、大田原－関谷間・大田原－川西間の那須人車鉄道、西那須野－関谷間の塩原人車鉄道があった。

(2) 幻に終わった那須地域の鉄道・軌道

　那須地域では、約20路線が計画され、そのうち開業するのが、先にも述べたように烏山線・那須人車軌道・塩原軌道、そして東野鉄道である。また、開業できず幻に終わった鉄道は16路線で全体の4分の3を占める。

　まず、許可されながら開業できなかった路線は、往々に社会状況に起因するものが多い。つまり、世界恐慌や金融恐慌といった経済変動が直撃し、開業に至らず断念されたケースである。また、地形上の問題で、特に河川は鉄道敷設を阻んだ。那須地域では、一級河川である那珂川の中流域では河床が極端に低く、そこに橋梁を築くことは、技術面でも経済面でも大きな負担であった。計画段階から那珂川を通

写真8　河床の低い那珂川と新晩翠橋

過することを避けて計画されたものは多かった。このことについては、個々の鉄道計画の中で紹介する。

　また、不許可になったケースを見ると、大きく二つに分けられるように思われる。一つは、路線の競合で、先に開業された路線や計画路線がある場合、後発の申請は不許可とし、共倒れを防いだ。二つ目は、敷設事業費に見

合う発起人（申請人）たちの資産の有無である。資金調達をどのようにするかということは、重要な問題であり、発起人一人ひとりの資産状況が調査されたものと思われ、史料には一人ひとりの資産の有無が記されていることが多い。さらに、「鉄道は儲かるもの」という風潮の中で、資金もなく申請するケースも多く見られた。その結果開業できなかった鉄道と、不許可の鉄道の割合は、県内と比較しても多い地域である。

なお、鉄道敷設は許可制であり、県を通して、鉄道局や帝国鉄道庁、そして鉄道院・鉄道省で調査・審議を経て許可・不許可が決定するものであった。

それでは、個々の鉄道をみながら、幻となった理由を見て行きたい。

①大田原・黒羽への路線

・那須鉄道（黒磯—黒羽他）

明治20年代後半、黒羽を拠点に黒磯へ、南は烏山へ、東は大子へ、西は矢板・船生・大渡を経て今市へ、北は福島県の棚倉へと遠大な計画線があった。那須鉄道の目論見書には、旅客と貨物輸送で本社を東京に、支社を黒羽向町に設置し資本金400万円と記され、現実性の乏しい内容であった。

・下野鉄道（黒羽—大田原—矢板駅間）

明治29年（1896）7月東京牛込区南町の板倉勝造外16名が創立発起人となり下野鉄道株式会社創立願が提出された。旅客および貨物輸送を目的として、黒羽より大田原を経て矢板駅へ、さらに塩谷町の船生を通過し日光へ至る路線の敷設計画であった。その後の経過は不明である。

・黒羽軽便鉄道（東那須野駅—黒羽間）

大正2年（1913）3月、東那須野の有志により東那須野駅を起点として黒羽の川西町に通じる軽便鉄道の敷設計画が立てられた。3月15日に発起人会を東那須野役場で開き、黒羽軽便鉄道敷設許可申請書を提出した。このときの発起人は東那須野村の相馬小太郎や川西町の高瀬熊三ら18名であった。

もう一つ、同名の黒羽軽便鉄道の計画が黒磯からも起った。地元の高木慶三郎が中心となり、大正2年4月18日付で黒羽軽便鉄道敷設計画を提出した。両黒羽軽便鉄道とも資本金15万円であった。しかし、資本金200万円の資本力の大きい東野鉄道株式会社の前には歯が立たず、不許可の指令が下った。

・東那須野軌道（東那須野駅—黒羽間）

二つの黒羽軽便鉄道の出願があった頃、東那須野より黒羽までの東那須野軌道の計画が出願された。しかし、これも東野鉄道の前に敗れ去る運命に

あった。

- 野州電気鉄道（矢板駅―佐久山―小川―馬頭間）

　大正7年10月に矢板町の坂巻金一郎や馬頭町の大森鉄之助ら矢板・馬頭・大田原・佐久山などの各町村有志62名の発起により、矢板から佐久山・小川・馬頭に達する電気鉄道の敷設が計画され、同18日には認可申請を提出した。そして、次期工事では大子・高萩まで延長する方針であった。しかし、矢板方面では下野軽便鉄道がすでに今市より矢板までの延長が許可

され、さらに西那須野駅から大田原・黒羽・小川・馬頭への東野鉄道の路線と競合したため、後発の野州電気鉄道は計画段階で姿を消すことになる。

②那須温泉へ

- 那須電気鉄道（黒田原駅―小島―戸能―北条―池田―那須湯本間）

　那須温泉への一番有力な路線が、この那須電気鉄道であった。人見定吉外14名は、那須郡那須村大字寺子の黒田原駅より那須村大字湯本に至る軽便鉄道の敷設を、大正7年9月23日「那須電気鉄道株式会社鉄道敷設認可申請

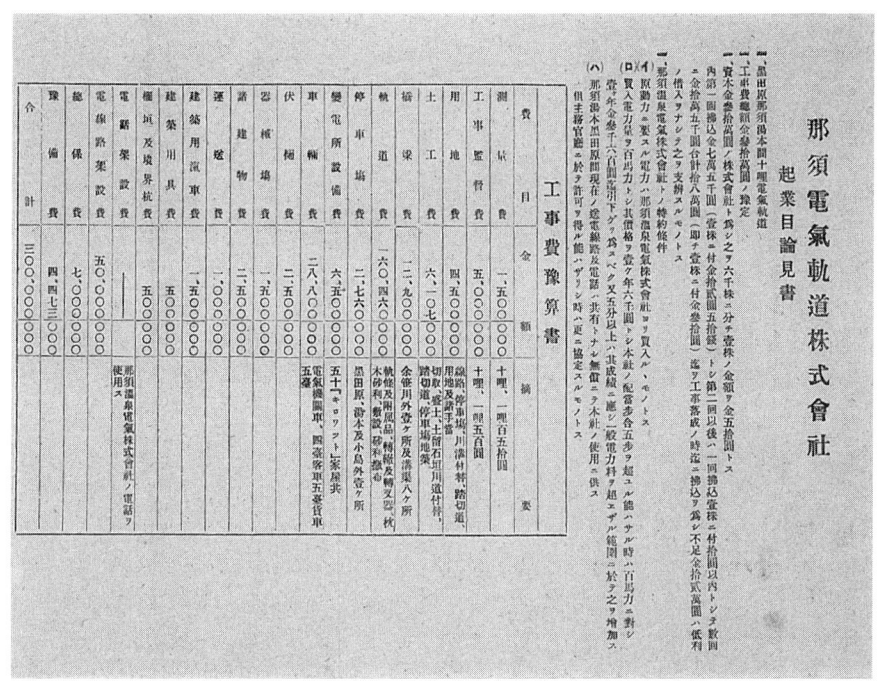

図5　那須電気軌道（鉄道）株式会社の起業目論見書（部分、那須野が原博物館所蔵）
　　　この起業目論見書は大正7年8月25日付けであり、この時点では「軌道」であった。

写真9　那須電気鉄道の江戸川橋台（小島地区）

書」として提出した。その目的は、那須温泉への旅客輸送と那須岳より産出する硫黄の輸送であった。路線は黒田原駅から小島・戸能・北条・池田を経て那須湯本に至るもので、黒磯駅ではなく黒田原駅を起点とした理由は、那珂川の架橋にあった。河床の深い那珂川を横断せずにすむ黒田原駅が採用されたのである。また、電力の供給が当面不可能なため、軽便鉄道としての形態に切替え、大正8年8月12日に免許を得た。しかし、事認可申請書の提出ができず、1年ごとに延期願を出し続けた。ようやく大正14年に工事着手届までこぎつけたが、また工事竣工延期を繰り返し、昭和13年（1938）7月19日「黒田原湯本間工事竣工期限願却下並ニ免許取消ノ件」が出され、幻の鉄道敷設となった。

・那須軌道（黒磯—那須湯本間）

昭和2年2月1日発起人小崎信邦外6名は、黒磯駅から那須湯本までの那須軌道株式会社を創立し申請を出した。発起人の出身地は代表の小崎信邦は東京都（東京府豊多摩郡中野町）で、他の6名のうち1名が千葉県のほかは全て東京都であり、地元からの軌道敷設計画ではなかった。

起業目論見書には、目的を旅客および荷物の運送とし、発起人代表宅を事務所としている。事業資金を50万円とし、蒸気機関車による運行を予定した。しかし、国は那須軌道株式会社の資産が少なく信用度が薄いこととともに、先行していた那須電気鉄道に悪影響があるとして、昭和3年9月26日不許可とした。

③高林へ・雲巌寺へ

・黒磯軌道（黒磯—高林間）

黒磯駅より高林へ、県道那須湯本黒磯停車場線沿いに計画され、地元高林や須佐木・高久の人たちにより進められ、許可を得たが開業できなかった。

・雲岩寺電気鉄道（黒羽—須佐木間）

東野鉄道の黒羽駅付近を起点として大豆田、黒羽田町を経て須賀川村須佐木（現大田原市須佐木）に達する電気鉄道を、黒羽の人たちにより計画される。東野鉄道技師の金田秀明が関わった。

4. 那須地域に開業した鉄道

（1）那須人車軌道

①全国・県内の人車鉄道

客車ないしは貨車を人間が押すという光景は、理解しがたいものかもしれないが、明治から大正期にかけて、全国的に普及した軌道である。明治24年（1891）開業の藤枝焼津間人車軌道を皮切りに、明治28年開業の豆相人車鉄道は小田原―熱海間を結び、温泉客などの旅客を主に運んだ。分布としては、北海道の江別人車鉄道から、南は沖縄の沖縄人車軌道まで、全国で29路線を数えた（『帝釈人車鉄道』葛飾区郷土と天文の博物館）。

その中で、栃木県が7路線あり、全国の4分の1を占める「人車王国」であった。県内には、明治30年開業の宇都宮石材軌道、明治32年の野州人車鉄道、同じ年に開業した乙女人車鉄道、明治33年開業の鍋山人車鉄道、同じ年の岩船人車鉄道、明治35年の喜連川人車鉄道、そして那須人車軌道が明治41年に開業する。

用途としては、喜連川人車鉄道と那須人車軌道は旅客中心であったが、宇都宮石材軌道や野州人車鉄道は大谷石や新里石を運び、岩船人車鉄道は岩船石を運ぶなど石材運搬が主であった。乙女人車は思川の川砂利を採取し、これを間々田駅まで運んだ。

人車鉄道が栃木県に多い理由は、物産である石材などの運搬に適していたことが挙げられる。少ない資本での営業できることも、魅力の一つであろう。

②塩原温泉と大田原を結ぶ鉄道計画

日本鉄道会社奥州線の開通により、那須（西那須野）駅が開業すると、城下町・宿場町として繁栄した大田原や、温泉地としての塩原にとって西那須野駅との連結は関心事であった。

明治26年、東京の狭間正隆等7名の発起により、大田原―西那須野―関谷間に馬車鉄道の敷設願が提出されたが、実現には至らなかった。さらに、同34年頃、大田原および塩原の有志が西那須野経由の大田原―関谷間と、大田原―川西（黒羽）間の那須人車鉄道計画を立たが、双方の思惑が一致せず物別れとなった。

③那須人車軌道の開通から馬車軌道へ

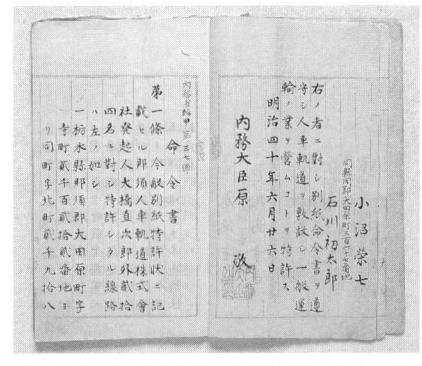

図6　那須人車軌道の特許状の最後と命令書（那須野が原博物館所蔵）

大田原側で大田原—西那須野間の軌道敷設が打出され、那須人車軌道株式会社が設立された。明治40年6月26日付で特許状が出され、本格的な工事がスタートした。

開業は明治41年7月13日で、建設費は51,600円を要した。本社を大田原に置き、初代の専務取締役に後に大田原町長となる大橋直次郎が就任した。大正6年（1917）からは狩野村第5代村長を務めた阿久津正が経営に当たった。

営業距離は西那須野駅から大田原市街までの5.121kmで、動力は人力で10人の「押夫」が雇われ、大正5年で1日に36往復された。

乗客数は大正4年で41,920人を数え、貨物1に対して旅客4の割合で、旅客輸送が多くを占めていた。運賃は片道5銭、往復9銭であり、開業当初は盛況で日々満員であったという。制

写真10　大田原市街の那須軌道の線路（那須野が原博物館所蔵）

限速度は、時速8マイル（約12.8km）とゆっくりとしたものであった。また、レールの高さは8cmほどしかなく、よく脱線したようで、そのつど、押夫と乗客が客車を持ち上げて、もとのレールに戻したという。

その後、塩原軌道株式会社や東野鉄道との合併の動きがあったが、そのつど不調に終わった。そうした中、営業成績が下降すると大正4年の株主総会で、動力を人力と馬力の併用とすることを決議し、社名も「那須軌道株式会社」に変更された。そして、日中は馬力と人力で、夜は人力とした。これにより、大正6年の乗客は一挙に2倍の10万人を越えるに至った。

しかし、それも一時的で大正7年開業の東野鉄道や乗合自動車の開業などにより、経営は苦しくなり、昭和5年（1930）に営業を休止し、特許取消となるのは昭和9年6月20日である。

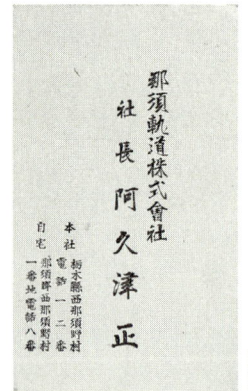
図7　那須軌道社長阿久津正の名刺

(2) 観光鉄道・塩原電車

①塩原への敷設計画

塩原へは、明治17年(1884)に三島通庸により陸羽街道・塩原新道が開削される。さらに日本鉄道会社奥州線が敷設され、政府高官や華族の人たちが来塩し、また塩原温泉を紹介した奥蘭田(おくらんでん)が著わした『塩渓紀勝』や尾崎紅葉の『金色夜叉』などにより、多くの文人墨客が塩原を訪れ、一般の温泉客も増加して行った。

それまで、西那須野駅から塩原へは人力車や馬車での旅客輸送であった。そこに西那須野—関谷間に塩原人車鉄道株式会社による計画がみられたが、実現には至らなかった。

②塩原軌道・汽車から電車へ

そして、塩原の人たちと東京在住者により、電車敷設の計画が持ち上がる。明治42年5月21日に鉄道敷設の申請が、塩原水力電気株式会社から出され、翌年の9月29日に許可が下りたが、電気の供給ができず、電車から蒸気機関車による申請変更(明治44年)を出し、社名も「塩原軌道株式会社」とした。発起人総代15人のうち7人が塩原在住者で、社長は東京の高島鑛橘(こうきつ)が就任した。工事が進むと住民から火災や交通上の危険性から敷設反対の動きがあり、県の指導により無煙炭の使用などの条件が出された。

明治45年7月11日営業が開始され、翌日三島神社で奉告祭が行なわれ、現在も残る燈籠が献納された。そ

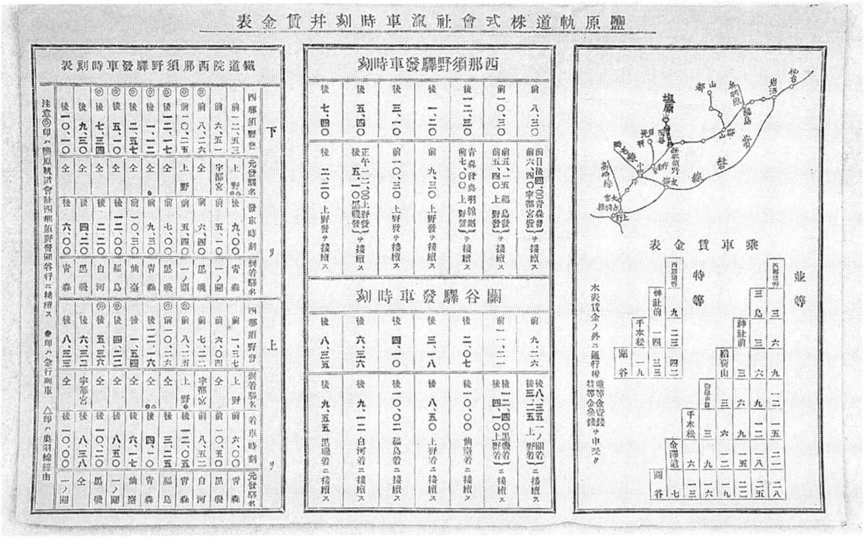
鹽原軌道株式會社汽車時刻幷賃金表

鐵道院西那須野驛發車時刻表

西那須野驛發車時刻

關谷驛發車時刻

乘車賃金表

図8　塩原軌道の最初の時刻と賃金表(那須野が原博物館所蔵)

して、13日西那須野駅前で開業式が挙行され、式典終了後は塩原温泉の真田別邸が園遊会場となった。

　塩原軌道は、当初西那須野駅から関谷までの約10.5kmで、駅または停留所は、西那須野（駅）・三島・神社前・稲荷山・御嶽山道・千本松・金沢道・関谷（駅）であった。しかし、塩原温泉には遠く、大正4年（1915）に関谷から約2.5斬km先の入勝橋辺りまで延長し、駅名を「塩原」（後の新塩原）とした。

　なお、塩原軌道株式会社が使用した機関車のうち、当初の車輌はアメリカ

写真11　塩原軌道の橋脚の石積み

写真12　塩原軌道の路線跡（リッチランド内）

から導入されたが、力が弱いためドイツのクラウス社から購入したものが使用された。

　さらに、大正10年には「塩原電車株式会社」と改称し、動力を電気として、塩那電気株式会社から供給を受け、関谷変電所が設置された。これにより、当初の計画であった電車運転が開始されることとなったのである。さらに、約1.7km延長され、「塩原口」を終点とした。大正11年4月9日に開通式が行なわれ、当日は花電車が運行された。なお、一日の運行数は大正3年で4往復、大正11年で8往復であった。

　経営は開業当初から赤字続きで、電車運転された大正11年になって黒字となるが、また赤字に転じた。昭和2年（1927）の金融恐慌や昭和4年に始まる世界恐慌により不景気と自動車の普及により、乗客数も減少して行った。さらに、拍車をかけたのが、国道4号と塩原街道との交差点付近で起きた、陸軍のサイドカーとの衝突事故であった。これにより、陸軍より多額の賠償金を要求されたことも、廃止の原因といわれる。こうして、昭和8年（1933）11月11日塩原電車株式会社は営業休止を申請し、昭和11年12月9日会社は解散となる。

（3）東野鉄道

①東野軽便鉄道の計画

東野鉄道の計画は、大正2年（1913）に東野軽便鉄道協議会が設立され、黒羽の植竹三右衛門や矢板武らが発起人となる。路線は、西那須野—川西—大子に至る本線と、川西—烏山に至る支線が許可された。しかし、第一次世界大戦が起き、工事は延期され、計画も西那須野—川西間を第一期線として敷設計画を練り直したが、さらなる経済不況により資金の調達が思うように進まなかった。

②西那須野—黒羽間の開業

ようやく、大正5年2月8日、東野鉄道株式会社が資本金50万円で設立された。

当初、三つの路線が計画され、西那須野駅より下永田（現那須塩原市下永田）を経由して、大田原市街南側と北側を経由する二つの計画と、開通した西那須野駅から南郷屋・石林・大田原

図9　東野鉄道の箒川鉄橋の絵葉書（長谷川操氏提供）

市街北側を通過する計画があった。

まず、西那須野—黒羽間で、大正7年4月17日に営業が開始された。駅および停留所は、西那須野（駅）・乃木神社前・成田山前・大田原（駅）・中田原・金丸原（駅）・白旗城址前・黒羽（駅）であった。さらに、東野鉄道は大正13年12月6日、黒羽—小川間の延長路線が開通し、黒羽（駅）・狭原・湯津上（駅）・笠石前・佐良土（駅）・那須小川（駅）を駅および停留所とした。しかし、15年後の昭和14年（1940）6月1日にこの区間は廃止されている。さらに、馬頭を経て大子に至る路線は、測量が行われたが着工には至らなかった。

東野鉄道が導入した蒸気機関車は、アメリカのボードウィン社製の200形式の機関車で、播但鉄道が輸入し、その後大正6年10月に2両とも東野鉄道が購入した。購入に当たっては、当時分解して輸送することができず、東海道線などを使って輸送されたという。また、1355形式の機関車は日本の汽車製造株式会社が製造し、4両が相模鉄道に導入され、その中からNo.1355が小浜臨港鉄道に移譲され、No.1356が東野鉄道に移譲された。

なお、東野鉄道関係史料には、大正12年にコッペル社の日本総代理店で

あるオット・ライメルス会社（東京市麹町区有楽町1-1）より合資会社高田商会機械部（東京市麹町区永楽町2-2）を通じて、機関車の見積（3種）を徴し、その価格2万5,000円程度であった。結局この交渉は、実を結ばず、中古の機関車を導入することとなる。

東野鉄道の乗降客と貨物輸送の割合は、ほぼ半々であった。乗降客は、大田原や黒羽・西那須野の住民で、大正7年の開通時は年間約15万人であったものが、大正14年には倍の30万人に達し、その後は横ばい状態であったが、戦中には60万人から90万人に増

写真13　蛇尾川手前の蛇尾川トンネル跡

写真14　箒川を渡るための橋台跡

加し、昭和20年（1945）になると、一気に180万人台へ急上昇する。ピークは、昭和22年の209万6,911人であったが、以降は徐々に減少して行く。

一方、貨物輸送は八溝山地の木材運搬が中心で、それに薪炭や米・麦・たばこなどの農産物と肥料であった。貨物は、開通の翌年から順調に伸び、昭和元年で100万トンを超え、以後減少傾向になる。この時期になるとトラック輸送に切り替えられて行く時期であった。なお、戦中は金丸原の陸軍演習場があった関係で、5・60万トンの輸送量があり、軍需物資の輸送が多かったものと思われる。

乗客や貨物の減少により、昭和35年以降は赤字続きであり、運賃の値上げが行われたが、赤字の解消にはならなかった。それとともに昭和41年9月25日の台風26号により蛇尾川橋の橋台が傾き、列車の運行が不能となってしまう。翌年には復旧したものの、鉄道廃止は避けられない状況であった。

そして、昭和43年12月15日最後の気動車が西那須野駅より黒羽駅のホームに到着し、50年間走り続けた東野鉄道は終わりを告げた。鉄道の廃止により、社名は東野交通株式会社と改称された。なお、今年は東野鉄道開業100年の年に当たる。

(4) 烏山線・宝積寺から烏山へ

①烏宝軽便鉄道の計画

　東北本線の路線変更は、烏山住民にとって念願であった幹線との接続に希望を与えた。鬼怒川に橋を架けずに済む、新たな路線を宝積寺駅に求めた。明治34年（1901）に「烏山人車鉄道」の発起人会が開かれ、烏山と宝積寺をつなぐ21kmの路線を計画したが、その後の経過は不明である。

　明治44年に烏山の島崎善平らにより「烏山・宝積寺間軽便鉄道敷設請願書」が鉄道院総裁後藤新平に提出される。烏山と宝積寺駅とを結び、さらに烏山より東へ延長され、馬頭町・大子町を経て水郡線に連絡するか、茨城県の大宮町・常陸太田を経て常磐線につなげるという計画は、「幹線の栄養線」という言葉を使いその価値をアピールした。「烏宝軽便鉄道期成同盟会」の設立総会が開かれ、「烏宝線」の名で新聞にも取り上げられた。しかし、他の路線計画との競合もあり進捗が遅かったが、大正8年（1919）にようやく敷設の計画が具体化していった。工事は大正10年10月5日にスタートし、烏山小学校で起工式が挙行された。

②烏宝線（烏山線）の開業

　工事は、順調に進み、烏山駅の建設や森田トンネルの工事も進み、荒川の鉄橋も完成を迎え、烏山・宝積寺間軽便鉄道は、大正12年5月1日に開通式にこぎつけた。開通式には、元田前鉄道大臣・横田千之助代議士・高田耘平代議士をはじめ各界の名士が参列した。国費180万円を要し、宝積寺から烏山まで33銭で、1時間の所要時間と報告された。園遊会には千人近い人たちが参集し、小学校児童による旗行列、夜はアーチにイルミネーションが灯され、烏山中学校の生徒による提灯行列が行われたという。

　なお、当初高根沢の熟田に駅を設け「熟田」駅としたが、愛知県の「熱田」と混同しやすいということから、後に「仁井田」と改称された。また、開通まででは烏宝線と呼ばれていたが、開通後は「烏山線」となり、現在に至っている。

　現在の烏山駅の1日の乗者人数は554人（平成28年度）となっており、地元民の足として機能している。

写真15　現在の烏山駅（平成25年新築）

（5）東北新幹線と那須塩原駅

①東北新幹線の着工

　東海道新幹線は、東京オリンピック開幕直前の昭和39年（1963）10月1日に開業する。国の威信をかけた一大事業であった。それから、全国新幹線鉄道整備法が昭和45年（1970）5月に成立し、東北・上越・成田新幹線の基本

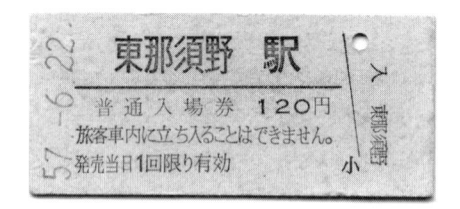

図10　東那須野駅の最後の入場券

写真16　「ひがしなすの」から「なすしおばら」へ

写真17　那須塩原駅の開業式

計画を経て、東北新幹線は昭和46年11月26日建設工事の起工式が挙行される。

②那須塩原駅の開業

　那須地域で、東北本線の話題となったのは、県北駅の位置と駅名であろう。まず、位置については黒磯側と西那須野側で誘致合戦が繰り広げられたが、昭和46年10月予想に反して、西那須野駅と黒磯駅の中間の東那須野駅に決定した。

　一方、駅名については、位置決定時は仮称「那須駅」として新聞紙上に掲載されたが、この駅名も陳情合戦の末、昭和57年2月3日に国鉄本社が命名した駅は「那須塩原駅」であった。その年の6月23日に那須塩原駅は開業した。

　なお、東那須野駅では通年で10枚程度しか売れなかった入場券が、開業の月の6月は2万6,909枚で、開業日の前日の6月22日だけで1万5,885枚もの売れ行きがあったという（『那須野ヶ原の鉄道100年史』）。

4．おわりに

　鉄道誘致の歴史を見ると、那須地域も開通当初は運送業者など既存の人たちによる敷設反対も多かったが、鉄道の効果が認識されると、各地域で誘致

へと大きく動き出すのである。

　さて、ここで地域の鉄道史研究を少々振り返って、締めくくりとしたい。

　栃木県の近代史の第一人者であった大町雅美先生が、『栃木県鉄道史話』を上梓され、当時の新聞記事を丹念に拾い上げ、栃木県鉄道史を大きく前進させた。執者も調査に同行させていただき、塩原軌道の橋梁の礎石を発見した時の思い出がよみがえる。

　さらに、昭和61年に那須野ヶ原開拓史研究会により『那須野ヶ原の鉄道100年史』が刊行され、当時の西那須野町郷土資料館が同タイトルで特別展を開催し、当時全国的にも例を見ない研究会との連携による出版と展示が行われた。平成23年には那須野が原博物館で特別展「近代鉄道事情―那須野が原に汽笛が響く―」を開催し、展示図録を発行した。また、東野鉄道については、大田原市や那珂川町でも展示や図録が発行された。この中で、那須野が原ないしは那須、栃木県と、鉄道について記録化が図られて来た。

　現在も、鉄道に関心を持つ人たちは多い。そうした人たちが結集し、地方史を解明する視点で、より多くの記録を掘り起こし、描いて行くことで、地域に蓄積され、市民に共有化されることを期待したい。

参考文献

日本国有鉄道編『日本国有鉄道百年史』第1～10巻　昭和44年～49年

黒磯市誌編さん委員会編『黒磯市誌』黒磯市　昭和50年

黒磯市立大原間小学校編『東那須野駅の歩み』昭和55年

大町雅美『栃木県鉄道史話』落合書店　昭和56年

栃木県史編さん委員会『栃木県史7 近現代二』栃木県　昭和57年

磯忍『東那須野駅から那須塩原駅へ』東那須野サービスグループ　昭和57年

黒磯中学校郷土研究部編『黒磯駅99年の歩み』昭和60年

那須野ヶ原の鉄道100年史編集委員会編『那須野ヶ原の鉄道100年史』那須野ヶ原開拓史研究会　昭和61年

金井忠夫「那須人車軌道について」『西那須野町郷土資料館紀要』第3号昭和61年

金井忠夫「塩原電車の成立・展開・終末」『西那須野町郷土資料館紀要』第4号　昭和62年

西那須野町史編さん委員会編『西那須野町の交通通信史』西那須野町史双書6　西那須野町　平成5年

高久久二『那須町黒田原・那須湯本間　幻の「電気鉄道」覚え書』平成7年

大町雅美『郷愁の野州鉄道　栃木県鉄道秘話』随想舎　平成16年

栃木県立文書館編『「もの」づくりにかけた先人の想い―栃木の近代産業と交通の発達―』平成19年

那須塩原市那須野が原博物館『近代鉄道事情　那須野が原に汽笛が響く』平成23年

謝　辞

　このたびのブックレット『那須をとらえる5』の発行にあたり、ご協力いただきました方々・関係機関に対しまして、深く感謝の意を表します。

協力者・機関一覧（敬称略）

新井　敦史	鈴木　芳英
飯塚　真史	高木　慶一
内田　裕之	髙久　里子
江頭　幸士郎	滝口　一美
木下　悦夫	月井　栄三郎
木下　実	西田　彰
君島　章男	長谷川　操
興野　喜宣	長谷川　實
近藤　隆俊	藤田　眞一
笹崎　修男	深沢　麻亜沙
杉本　欣久	水上　洋一
鈴木　秀	森林　正興

木の葉化石園
栃木県立博物館
栃木両生爬虫類の会
那須烏山市教育委員会
那須塩原市那須野が原博物館
福島県立博物館
北海道大学附属図書館
明王寺
JR東日本大宮支社

［著者略歴］

林　光武〔はやし　てるたけ〕
　栃木県立博物館学芸部長補佐兼自然課長
　　1963年東京都武蔵野市出身
　〔主な著書論文〕
　『とちぎのカエルとサンショウウオ』栃木県立博物館、『栃木県自然環境基礎調査とちぎの両生類・爬虫類』分担執筆・栃木県林務部自然環境課、『レッドデータブックとちぎ2018』分担執筆・栃木県、『日本動物大百科第5巻両生類・爬虫類・軟骨魚類』分担執筆・平凡社

多和田　潤治〔たわだ　じゅんじ〕
　那須野が原博物館学芸普及係長
　　1976年神奈川県横浜市出身
　〔主な著書論文〕
　『那須野が原の昆虫』、『塩原の自然』、『那須野が原の自然』以上分担執筆・那須野が原博物館、『那須塩原市レッドデータブック2017』分担執筆・那須塩原市、『レッドデータブックとちぎ2018』分担執筆・栃木県、「森林及び草地におけるオサムシ科甲虫の分布」『那須野が原博物館紀要』第5号

本田　諭〔ほんだ　さとし〕
　根津美術館学芸部学芸第二課長
　元栃木県立博物館人文課特別研究員
　　1968年東京都渋谷区出身
　〔主な著書論文〕
　「椿椿山筆「日光道中真景図巻稿」について」『栃木県立博物館研究紀要―人文―』第28号、「北関東における善光寺式阿弥陀信仰―栃木県小山地域を中心として―」『鹿島美術研究』年報第24号別冊、鹿島美術財団、「古代東国の寺院と仏教―道忠教団と初期天台宗―」鈴木靖民編『円仁とその時代』、高志書院

上野　修一〔うえの　しゅういち〕
　大田原市なす風土記の丘湯津上資料館長　栃木県考古学会副会長
　　1956年　栃木県那須烏山市出身
　〔主な著書論文〕
　「「ビク」製作の知識と技術」『民俗と考古の世界』和田文夫先生頌寿記念献呈論文2000年、「烏山藩領志鳥村における浄土真宗移民についての基礎的研究」『栃木県立文書館研究紀要』第七号2003年、「四代目栃木県庁舎の定礎について」『栃木県立文書館研究紀要』第八号2004年

金井　忠夫〔かない　ただお〕
　那須野が原博物館学芸員　栃木県文化財保護審議委員　栃木県文化功労者選考委員　那須文化研究会総務
　　1954年埼玉県川口市出身
　〔主な著書論文〕
　『下野の食べ物と着物』共著　下野新聞社1985年、『西那須野町の民俗』（執筆編集）西那須野町1994年、『近代鉄事情―那須野が原に汽笛が響く―』那須野が原博物館2011年

あとがき

　『那須をとらえる』シリーズも、この
たびの5冊目で、計画したすべてが終
了します。平成20年からはじめられ
たこの事業の「趣旨」には、「那須を
フィールドとして、自然・人文に係わ
る広範囲な分野から、那須という地域
を解明します。地域の調査研究力を向
上するために、地域研究者と那須野が
原博物館が連携して、調査・研究・展
示・講演・編纂の一連の事業を実施
し、市民との協働において行なうもの
です。」と謳いました。その趣旨のもと
実施され、隔年の発行により5冊を送
り出しました。

　その中で、自然分野10テーマ、人
文分野15テーマが収められました。
本来ならば、分野ごとに編集し構成し
たほうが読者の皆様には読みやすいの

かもしれませんが、本書は、あえて
「ごった煮」としました。自然も人文も
ミックスしながら「那須」を捉え、地域
学としての「那須学」の布石としていた
だきたかったからです。

　このため、執筆者の方々には「テー
マからみて那須という地域は、どのよ
うなところなのか」ということを執筆
にあたり、お願いしてきました。

　執筆陣は、那須地域に在住の研究者
の方々とともに、県内で那須地域を研
究している方に依頼しました。執筆者
の那須に対する熱き思いは伝わったで
しょうか。

　当初は、このブックレットの発行と
那須野が原博物館での展示・セミナー
の開催という形式をとり、博物館界で
は研究者との連携が、カタチとして現

れた事業として一定の評価をいただきました。ただ、展示については物理的な困難さもあり、2回で終了し、以降ブックレットの発行とセミナーの開催とすることで、スムースな事業展開となりました。文字での理解とともに、執筆者の講演は内容の理解を促進する効果があったものと思っております。

発掘するテーマも執筆者も、まだまだ数多くいらっしゃる中で、5冊で閉めることは、口惜しくもありますが、ここで一旦閉じさせていただきます。装いも新たに再開されることを期待しております。

10年間の長きにわたり、ご愛読していただきました読者の皆様、執筆者の方々には、心より感謝申し上げます。また、地域に生きる本をつくられ

ている随想舎取締役社長卯木伸男氏の温かい励ましと、5冊の本全てを編集担当された内田裕之氏には心よりお礼申し上げます。

那須文化研究会『那須をとらえる』
編集担当

金井　忠夫

ブックレット　那須をとらえる 5

2018年10月1日　第1刷発行

編　者 ● 那須文化研究会
　　　　〒329-2752　栃木県那須塩原市三島5-1
　　　　那須野が原博物館内
　　　　TEL 0287-36-0949　FAX 0287-36-0979

発　行 ● 有限会社 随 想 舎
　　　　〒320-0033　栃木県宇都宮市本町10-3 TS ビル
　　　　TEL 028-616-6605　FAX 028-616-6607
　　　　振替　00360-0-36984
　　　　URL http://www.zuisousha.co.jp/

印　刷 ● モリモト印刷株式会社

装丁 ● 栄舞工房

ブックレット
那須をとらえる❶❷
「那須を綴る」事業委員会 編

那須野が原博物館の企画展示、
セミナーと連動したブックレット。
自然、地理、歴史、民俗など
多角的な視点で、
那須地方の姿を浮かび上がらせる。

A5／並製／各128頁
各1200円＋税

ブックレット
那須をとらえる ③ ④
那須文化研究会 編

自然、歴史、美術、民俗など
多角的な視点で、
那須地方の姿を浮かび上がらせる。

A5／並製／各128頁
各1200円＋税